ミドルが会社を変えるための
実践ノウハウ

パーパス経営入門

PURPOSE
DRIVEN
MANAGEMENT

名和高司
京都先端科学大学教授
一橋ビジネススクール客員教授

PHP

はじめに

パーパスが、世界中でキーワードとなっています。

パーパスは、直訳すると「目的」です。それは「なぜ私たちは存在するのか？」という問いかけから始まります。

ちょっと哲学的すぎるでしょうか？

今から2300年以上前、ギリシアの哲学者アリストテレスは、人生の究極の目的は「幸福」だと論じました。確かに私たちは、太古（たいこ）の昔から「幸福の青い鳥」を探して生きているのかもしれません。そして、チルチルとミチルの物語が教えてくれるように、長い冒険の後、探し求めていた青い鳥が、すぐそばにいることに気づかされることでしょう。

多くの企業が、今、改めて自社のパーパス作りに取り組んでいます。先が見えない時代だからこそ、自分たちが創り出したい未来に向かって、社員、顧客、そして、さまざまな関係者と思いを一つにして、大きく一歩踏み出していこうと願うからです。もちろん、大企業だけの話ではありません。むしろ、特定事業に一意専心に取り組んでいる中堅・中小企業のほうが、ブレずにパーパスを掲げることができます。

私は、この5年間で、100社以上の企業のパーパス作りをお手伝いしてきました。企業の大きさや業種はまちまちですが、いずれも自社「ならでは」の「ワクワク」するパーパスを高らかに掲げています。

パーパスは、単なる美辞麗句でも言葉遊びでもありません。それなら、今ではChatGPTが、あっという間にすてきなフレーズをいくつも提案してくれるでしょう。しかし、ChatGPTには逆立ちしても手が出せないことが二つあります。それは、パーパスに魂（パッション）を込めること、そして、それを日々確実に実践（プラクティス）していくことです。

パーパスは、実際にそれに関わる人々が「できる！」と確信し、行動して初めて、夢から未来の現実に変わるのです。そのためには、パーパスに加えて、パッションとプラクティスが伴わなければなりません。私はこれらの頭文字を取って、「次世代経営の3P」と呼んでいます。

パーパス作りには、定石(じょうせき)はありません。トップが自らの思いを込めて一気呵成(いっきかせい)に完成させる場合もあれば、少人数の有志が3カ月から半年かけて作る場合もあります。大企業によっては、できるだけ多種多様な社員を巻き込んで、1年以上かけて取り組むところもあります。正解がない作業であるだけに、パーパス作りに関わった人たちの思いが、どこまで凝縮(ぎょうしゅく)されているかがカギとなります。

しかし、パーパスを作っただけでおしまいにしては、あまりにももったいない。そのような残念な状態を私は「額縁(がくぶち)パーパス」と呼んでいます。

パーパスに魂を込めるためには、できあがった全社パーパスを、事業部門や機能部門などの社内組織が、「パーパス浸透ワークショップ」などを通じて、自分たちを主語にして受け止め直すプロセスが不可欠です。全社パーパスはどうしても抽象的(ちゅうしょうてき)になりやすく、そのままでは日々の現実の活動に落とし込みにくいからです。

そのうえで、社員一人ひとりの思いに重ね合わせていきます。その際には、「パーパスワンオンワン」などの手法が有効です。詳細は本書の中でご紹介したいと思います。

そのようなていねいな活動を通じて、ようやくパーパスが自分事化されていきます。私の経験では、中小企業でも3か月以上、大企業では3年以上かかる、息の長い取り組みとなります。

しかも、まだそれでも終わりではありません。パーパスの真価が問われるのは、いかに日々の活動に落とし込めるかです。そのためには、崇高なパーパスを、日々の行動原理（プリンシプル）にまでしっかりと紐づけていく必要があります。

その場合も、「公正」や「挑戦」などといったありきたりの標語を掲げるだけではなく、それを社員一人ひとりが日々の行動の判断基準にしていかなければなりません。

日々の実践を通じて初めて、パーパスという名の青い鳥が、皆さんのもとにも確実に訪れてくることでしょう。

本書の「パーパス」は、皆さんのパーパス経営の確かな実践を後押しすることにあります。パーパスの必要性が今一つ納得できないでいる方々や、パーパスを作ったもののどう魂を入れていいか悩んでいる方々にとって、本書が少しでもお役に立てればと、心から願っています。

2023年初秋のヨーロッパのカフェにて

名和 高司

パーパス経営入門　ミドルが会社を変えるための実践ノウハウ　目次

はじめに　3

序章　閉塞感を抱えるビジネスパーソンへ
——今こそ見直される日本型経営の力　17

日本の閉塞感を打破する道はある！　18
今、「パーパス」が世界的に注目を集める理由　19
「ミッション」と「パーパス」の違い　21
資本主義はすでに限界を迎えつつある　24
地球からの警告　26
それでも変われない世界のトップたち　28

資本主義の「魔力」……29
日本では当たり前だった「人本主義的な経営」……31
世界レベルで戦っている日本企業の「ある特徴」……33
ダイキンの競争力の源泉も「人本主義」……36
「人本主義」は株主資本主義と両立するのか？……37
ＳＤＧｓを超えた「新ＳＤＧｓ」の時代へ……39
企業が直面する「三つのシフト」……43
「マネー・シフト」で市場はＥＳＧの流れに……47
三つのシフトもまた、「パーパス」の重要性を高めている……49
今こそ見直される日本型経営の力……50
昭和の高度成長の陰にも同じ思想があった……52
パーパス経営は現実逃避ではない……53
時代を先取りしていた渋沢栄一……55
パーパスとは「志」である……57
「道を究める」ことが価値を生む時代に……59

第1章

パーパスこそが、あなたと会社の閉塞感を突破する

61

リーディングカンパニーはすでに「志本経営」を進めている …… 62
「KANDO」で異次元の成長を遂げたソニー …… 63
あえて日本語を使った意義 …… 65
「Kirei」を世界に届ける花王 …… 67
新SDGsにマッチした取り組み …… 70
ファーストリテイリングが定義する「LifeWear」とは? …… 72
「善の循環」精神を日本から世界へ――YKK …… 75
YKKが提示する「新しい資本主義モデル」 …… 78
なんと「おもしろおかしく」がパーパス!――堀場製作所 …… 79
日本企業の「社歌」が海外で大人気に …… 82
「ほんまもん」であるかがカギ …… 83
パーパスのためには伝統すらも変える――中川政七商店 …… 85
アウトドアに「哲学」を――スノーピーク …… 88

第2章

パーパスの「三つの条件」……90
SDGsの「18番目」を考えてみる……93
あなたの会社にパーパスはあるか？……94
「今もやっているよ」で終わらないでほしい……96
「そんなのはトップが決めること」ではない！……98

パーパスは「巻き込みながら」作っていく

101
最高益のときこそビルよりパーパスを……102
パーパスを作るのは誰か？……104
パーパスの策定期間はどのくらいがいいのか……106
仙北谷のパーパス作り……107
パーパスとは「北極星」、そして「星座群」……109
「ワクワク」「ならでは」「できる！」は両立しがたいが……110
制約を取り払い「白昼夢」を見よう……112

第3章

多様なチームでアイデアを出し合う……114
インスタにアップするつもりでアイデア出しを……115
「顧客に聞いてしまう」という手も……118
「技術」か？「品質」か？　言葉に徹底的にこだわる……120
若手がこだわった「エンターテイナーズ」……122
B2B企業にとって「採用」は大問題……124
「額縁パーパス」になってしまっては意味がない……125

パーパスを「自分事」にしていくために

127
パーパスは「浸透」こそがカギとなる……128
「額縁パーパス」を生み出す三つの要因……129
パーパスは、言葉だけでは伝わらない……132
トップの努力だけではパーパスの浸透は不可能……133
なぜ、トップではなく、ミドル層が改革のカギを握るのか？……135

「志」が一番低いのはミドル層……137
ミドル・クライシスは世界的な傾向……140
御社は「ゆるブラック企業」になっていませんか？……141
「ワーク・ライフ・バランス」は時代遅れ……142
仕事の満足度を高めるのは「動機づけ要因」……146
人生と仕事を「円」で表してみよう……147
「仕事は所詮、仕事」そんな人を動かすには？……149
「パーパスの自分事化」でミドルの危機を脱する……152

第4章

会社のパーパスを自部門に落とし込む方法

155
会社のパーパスを具体的な自部門のパーパスへと落とし込む……156
自分の仕事を「駅伝」にたとえた物流部門の社員……158
部下との対話で意識したい「三つの視点」……160
「パーパスワンオンワン」でチームにパーパスを浸透させる……162

「GROWモデル」で思いを引き出す……164
グーグルで「上司が意思決定しない」理由とは？……166
「一人ひとりのやる気」と「チームとしての一体感」を生む施策……167

第5章

社員が自ら挑戦したくなる「パーパス浸透のコツ」とは？ 171

パーパス浸透には「アワード」が効く……172
国家も巻き込んだベトナムでの取り組み……173
応募のハードルは高くしすぎないほうがいい……176
アワードが「お祭り」に……177
「賞を取ったら終わり」にしてはいけない……179
パーパス実現のカギは「プリンシプル」……180
花王が導入する「OKR」とは……184
日本に「OKR」が根づかない根本的な原因……187
結局「押しつけ」ではパーパスは浸透しない……188

日本の閉塞感を打破する道はある！

コロナ禍にウクライナ戦争、そして物価高。閉塞感や行き詰まりを感じている方は多いでしょう。

しかし、ひょっとしたらこの10年、20年にわたって、ずっとそんな閉塞感や行き詰まり感を抱いているという方もまた、多いのかもしれません。

中でも、今、働いている人の中心をなす30〜50代のビジネスパーソンがビジネスライフを過ごしてきたのはまさに「失われた30年」。経済成長が滞り、日本の国際的な地位が低下する中、この世代はずっと、そんな閉塞感を抱いてきたのではないでしょうか。

本書の目的は、そんな方々に再び元気になってもらうことです。

序章

閉塞感を抱えるビジネスパーソンへ
――今こそ見直される日本型経営の力

■ 京都からグローバル企業が数多輩出される理由 …… 220
■「倭」から「和」へ …… 222
■「プレノーマル」の時代を楽しめるリーダーに …… 224
おわりに …… 226

第6章

「変わることが楽しい」。そんなリーダーになるために

191
世界的に話題となった「賢慮のリーダー」……192
「賢慮のリーダー」の六つの能力……194
大事なのは「順番」……196
見直されつつある日本人リーダーたち……199
松下幸之助は時代を先取りしていた……201
カリスマ性よりも等身大であることが大事……204
パーパスは不変のものではない……206
共通点が多い「稲盛と永守」……207
京都の名経営者二人の「成功の方程式」……209
まずは「志す」こと……213
そして「実践する」こと……215
最後に「発信する」こと……217

日本はこの閉塞感を打破し、再び成長することができるし、そのための道も存在している。それをぜひ知っていただきたいと考えています。

今、「パーパス」が世界的に注目を集める理由

最初に紹介したい言葉があります。それは「パーパス」です。

「目的」「存在意義」などと訳されることが多いですが、私は「志」という言葉を当てています。単なる目的や存在意義というより、内側から湧き出てくる強い思いこそがパーパスだと考えているからです。

「他者のために価値あることをしたい」という信念こそがパーパスであり、このパーパスを原点に据(す)えた「パーパス経営」が、今、世界的に注目されています。

最も初期にパーパスの重要性を述べたのは、P&Gでグローバル・マーケティング

責任者を務めたジム・ステンゲル氏です。ステンゲル氏は著書『本当のブランド理念について語ろう』（邦訳、CCCメディアハウス、2013年）の中で、社会的大義をパーパスに掲げた50のブランドのROI（投資利益率）の伸び率の平均が、アメリカを代表する株価指数S&P500の構成企業の平均の約4倍を達成していることを指摘したうえで、パーパスブランディングが成長のドライバーになると主張しています。

また、シリコンバレーでは、シンギュラリティ大学の創業者サリム・イスマイル氏が名づけた「MTP（Massive Transformative Purpose）」、直訳すると「巨大で革新的な目的意識」という言葉がよく使われています。

イスマイル氏はインタビューの中で次のように語っています（「エクスポネンシャル・オーガニゼーション—飛躍的組織とは『シンギュラリティ大学』創業ディレクター サリム・イスマイル氏に聞く」DIAMOND ハーバード・ビジネスレビュー・オンライン、2018年3月6日、https://www.dhbr.diamond/articles/-/5238）。

「MTPは組織の核となるもので、組織の目標を示しています。飛躍型企業が過去に発表した意見表明報告書を見ると、当時からすれば荒唐無稽とも思えるような設立理念が書かれています。これがMTPです。一度大きく成長できたとしても、ビジネスモデルはすぐに陳腐化するから、常に大きな目標を持つようにすることが大切なのです」

MTPは、まさに「志」と言い換えることができるでしょう。

「ミッション」と「パーパス」の違い

「パーパス」と混同されがちな言葉に「ミッション」があります。

「ミッション、ビジョン、バリュー（MVV）」という言葉を掲げる企業も数多くあります。簡単に言うと、ミッションがWhy（存在意義）、ビジョンがWhat（未来の姿）、バリューがHow（共有価値）となります。

「ミッションなら、すでに自社にもあるよ」という人も多いでしょう。

ただ、ミッションとパーパスとは似て非なるものです。

ミッションとはいわば「大義」であり、「〇〇をしなくてはならない」というものなのに対して、**パーパスは「自分たちのやりたいことは何か」「自分たちのありたい姿とはどういうものか」**から始まるものです。

「〇〇をしなくてはならない」というミッションは、得てして独りよがりの自分起点のものになってしまったり、逆に社会におもねったものになってしまったりしがちです。それを避けようとすると、どの企業でも同じことを言いそうな、ありきたりのスローガンになってしまいます。

それに対して、**パーパスは主語が「You」でも「They」でもなく、「We」である**ところに特徴があります。つまり、**まずは自分たちの思いがある。そして、それと社会の思いが重なるところがパーパスとなる**、ということです。

言い方を変えると、ミッションが外から与えられるものだとしたら、パーパスとは自分たちの中から湧き出てくるものです。

上司から与えられた無茶な目標が「ミッション」で、自分から「これを達成した

図表0-1 「ミッション」と「パーパス」の違い

ミッション	パーパス
「○○をしなくてはならない」	「自分たちのやりたいことは何か」 「自分たちのありたい姿とはどういうものか」
外から与えられるもの	自分たちの中から湧き出てくるもの

↓

パーパスを仕事の中心に据えると、仕事そのものが「ワクワク」するようなものになる

い」と設定したものが「パーパス」だと考えてもらえば、理解しやすいかもしれません。

パーパスを仕事の中心に据えると、仕事そのものが「ワクワク」するものになります。自分たちが心の底からやりたいと思うことをやるのですから、当然の話です。

資本主義はすでに限界を迎えつつある

しかし、長らく企業で働いてきた人ほど、こう思うのではないでしょうか。

「自分たちが心の底からやりたいと思うことをやるのは理想だ。しかし、現実はそんなに甘くない」

「企業は稼がなくてはならない。『やりたいことをやればいい』というのは理想論にすぎない」

確かに、その通りかもしれません。

しかし、世界がそんな「理想論」たるパーパス経営に注目しているのは、厳然たる事実です。

ではなぜ、パーパス経営が注目されているのでしょうか。

その理由は、行きすぎた資本主義（キャピタリズム）の見直しです。

この数十年間、利益だけを追求する資本主義が世界を覆ってきました。企業は1円でも多くの利益を上げて株主に還元することが使命とされ、カネがカネを生む金融業界がもてはやされるようになりました。少しでも安く、少しでも多くのものを生み出すため、世界規模の開発競争が繰り広げられてきました。

当時、イデオロギーとして使われていたのが「市場原理」という言葉です。これは、近代資本主義の「教祖」と言われるアダム・スミスの思想から始まったとされています。「（神の）見えざる手」が世界を最適化するので、市場原理に任せておけばいいという思想で、一見、極めて合理的な思想です。

実はアダム・スミスの真意はそうではなく、むしろ彼の思想はパーパス経営に近いものだったと言えるのですが、ともあれ、この「市場原理」という言葉が独り歩きして、近代化を推進する勢力が市場を神格化してしまったのです。

しかし、その結果はどうなったでしょうか。

世界中でマネーゲームが行われた結果、富が偏在し、貧富の格差がますます広がっています。また、地球規模の開発による環境の悪化はもはや疑いようがなく、災害の激甚化（げきじんか）が世界中で起きています。

地球からの警告

1972年、スイスに拠点を置くシンクタンクのローマクラブが「成長の限界」というレポートを発表し、大きな反響を呼びました。システムダイナミクスというシミュレーション手法を用いたところ、次のような結論が導き出されたのです。

「人口増加や環境汚染などの現在の傾向が続けば、100年以内に地球上の成長は限界に達する」

そして２００９年、リーマン・ショックによる世界金融危機の最中に、ローマクラブが「ファクター５」というレポートで次のような試算を公表しました。

「地球上の70億人全員がアメリカ人と同レベルの資源消費性向を持つと、地球が５つ必要となる」

「ファクター５」では、資源消費を５分の１以下に抑えるためには、豊かさを経済（ＧＤＰ）ではなく、生活の質（ＱＯＬ）に求めるべきだと主張しています。つまり、Efficiency（物質的効率）からSufficiency（精神的充足）へのパラダイムシフトの重要性を唱（とな）えたのです。

「成長の限界」から50年、「ファクター５」から十数年。世界はやっと「このままでは地球が危ない」という指摘に耳を貸すようになってきました。

それでも変われない世界のトップたち

しかし、世界の資本主義社会のリーダーたちは、資本を基軸とする発想からいまだに抜け出すことができていません。

毎年1月にスイスのスキーリゾート「ダボス」で開催される「世界経済フォーラム年次総会（通称・ダボス会議）」には、世界トップクラスの知性を持つとされる人々が集まります。ここでここ数年、中心テーマとなっているのが「資本主義の終焉（しゅうえん）」です。

しかし、そこで飛び交（か）っているのは「知識資本主義」や「マルチ・ステークホルダー資本主義」などという言葉で、実態は資本主義を再定義して、未来に向けて何とか延命しようという本音（ほんね）が痛ましいほど透（す）けて見えます。

ここに集まっている人たちは世界中の資本主義社会の頂点に立つリーダーたちである以上、当然のこととも言えますが、「世界トップクラスの知性」と呼ばれる人であっても、意識変革はなかなか難しいということを物語っています。

資本主義の「魔力」

なぜ人は「資本」の魔力から抜け出せないのか。それは、資本家や企業人そのものが、資本の自己増殖（じこぞうしょく）の奴隷になってしまっているからです。

資本の本質は、カール・マルクスが指摘したように「自己増殖する価値の運動体」です。そして資本主義とは、資本が主体として再生産を繰り返すことで、社会の成長を目指すことです。

1976年、イギリスの動物行動学者リチャード・ドーキンス氏は「利己的な遺伝子」論を唱えました。

生物の遺伝子は生き残るために手段を選びません。遺伝子は自己の成功率（生存と繁（はん）

殖率）を他者よりも高めることを考え、寄生している生物さえもたやすく乗り換えます。遺伝子にとっては、生物は自らの複製を残すための「乗り物」にすぎません。利己的な遺伝子論とは、簡単に言えばそういうことになります。

私には、資本もまた、遺伝子のように自己増殖しているように思われてなりません。

資本は放っておくと果てしなく自己増殖を求め、その増殖運動に振り回され、人間は資本の奴隷として働かされます。かつてマルクスは、そのことを「労使の対立構造」ととらえました。

世界に広がる富の偏在は、資本家の野望の結果というよりは、資本家や企業人をこのような行動に駆り立てる資本そのものの遺伝子の仕業ではないでしょうか。

それが、世界最高の知性と言われるような人々ですら、この資本主義の魔力から抜け出せない理由なのではないかと思います。

日本では当たり前だった「人本主義的な経営」

では、どうしたら我々は「資本」から主権を奪い返すことができるのか。

一般に、経済活動を構成する要素は「ヒト・モノ・カネ」とされます。このうち、モノやカネにばかり軸足を置いた経営が限界を迎えているのは、ここまで述べてきた通りです。そうなると、残るは「ヒト」しかありません。

パーパス経営とはまさに「人を中心に据えた」経営論。だからこそ今、注目されているのです。

ここまで読まれた読者の方は、「人を中心にする経営とは、日本が昔からやってきたことに他ならないのでは？」と思われたかもしれません。

その通りです。

日本では、ヒトが経済や企業活動の主体だという考え方は、ずっと以前から当然のこととしてとらえられてきました。古くは江戸時代にもその萌芽がありましたし、明治時代の産業の発展、戦後の経済成長の根幹にも、ヒトを中心とした経済活動がありました。

経営学者の伊丹敬之氏が著書『人本主義企業――変わる経営変わらぬ原理』（筑摩書房、1987年）の中で「人本主義」を唱えたのは、三十数年前のことです。日本企業の成長の原動力はヒトを基軸とした日本型システムにあると述べており、まさにパーパス経営の原点と言えます。

しかし残念なことに、その直後、バブルが崩壊し、日本経済は急激に悪化しました。そのため、人本主義はバブル崩壊を引き起こしたさまざまな問題と同一視され、時代遅れのものとされてしまったのです。

そして、その間隙を埋めることとなったのが、前述の「市場原理」だったということです。

世界レベルで戦っている日本企業の「ある特徴」

バブル崩壊後、日本企業を取り巻く状況は大きく変わりました。しかしその間、人本主義が滅んでしまったわけではありません。いや、むしろ市場原理主義に日本が席巻される中、人本主義を貫き通した企業こそが高い業績を上げている。そんな時代が到来しています。

2016年、私は21世紀に入ってから成長した世界の大企業100社を研究し、売上高、収益、企業価値の三つの成長率が高い順にランキングづけをしました。その結果、ベスト100に日本企業が10社ランクインしていました。

その結果を見て、我が意を得たりの思いがしました。やはり「人本主義」を貫き通してきた企業がランクインしていたからです。

具体的には、以下の10社です。

ファーストリテイリング（20位）、ダイキン工業（55位）、アステラス製薬（58位）、コマツ（88位）、アサヒグループホールディングス（93位）、キリンホールディングス（95位）、ブリヂストン（96位）、デンソー（97位）、トヨタ自動車（99位）、本田技研工業（100位）。

これらの日本企業に共通する点としては、「人に基軸を置いた経営に定評がある」（人本主義）の他、

■ 海外企業と比較すると超成長はしていないが、しっかりと成長を続けている
■ 地方出身の企業が多い

ということがあります。

図表0-2 21世紀に入ってから成長した世界の大企業100社を売上高、収益、企業価値の3つの成長率が高い順に並べたランキング（抜粋）

順位		売上高成長率（年平均）（%）	売上高指標	企業価値成長率（年平均）（%）	企業価値指標	平均利益率（通年）（%）	平均利益率指数	指数合計点
1	アップル	24.90	100	51.60	100	16.70	45	89
20	ファーストリテイリング	13.20	53	9.40	18	15.80	43	37
55	ダイキン工業	9.60	39	9.40	18	7.30	20	27
58	アステラス製薬	6.90	28	5.30	10	19.90	54	26
88	コマツ	4.40	18	10.20	20	8.30	22	19
93	アサヒグループホールディングス	5.10	21	5.40	11	9.20	25	17
95	キリンホールディングス	4.90	20	5.50	11	7.70	21	16
96	ブリヂストン	4.00	16	7.10	14	7.20	19	16
97	デンソー	5.50	22	4.60	9	6.40	17	16
99	トヨタ自動車	4.90	20	5.40	11	6.10	16	15
100	本田技研工業	4.70	19	5.50	11	6.50	17	15

指数合計点は、「売上高指標×40％＋企業価値指標×40％＋平均利益率指数×20％」
出典：名和高司『成長企業の法則』（ディスカヴァー・トゥエンティワン、2016年）

ダイキンの競争力の源泉も「人本主義」

一例をあげましょう。

ダイキン工業は「人を基軸に置く経営」をブレずに続け、空調機器メーカーとして世界トップの座に就いた企業です。その立役者となった現会長の井上礼之氏は、著書『人の力を信じて世界へ――私の履歴書』（日経ビジネス人文庫、２０１１年）の中で、「企業の競争力の源泉は人であり、働く一人ひとりの成長の総和が企業の発展の基盤だ」と明言しています。

「もともと人間が好きで、人の輪のなかにいる瞬間に至福を感じる性分だ。人との関わりを大切にし、できる限り多くの人の話を聞きながら結論を出してきた」（同書）という井上氏のスタンスは、まさに人本主義の基本と言えるでしょう。

「人本主義」は株主資本主義と両立するのか？

とはいえ、会社が株主のものであることは厳然たる事実です。「人を大事にする」というだけで、株主に納得してもらえるのかという疑問を持つ人もいるかもしれません。

これについては、人本主義を唱えた伊丹氏自身が、『日経ビジネス』の「人本主義は死んだのか？」というインタビューの中で、こう答えています（「『人本主義』は死んだのか　伊丹敬之・東京理科大学教授に聞く」、日経ビジネス電子版、２０１５年7月31日）。

「少なくとも日本電産［現ニデック：引用者注］や京セラでは生きているよね。どちらも社員に厳しい会社だけど、情がある。ついていけない人は自発的に辞めているんだろうけど、残った人たちは頑張るでしょ。両社に共通しているのは管理会計をきちんとやっていること。自分たちが頑張った成果がきちんと数字で表れる。これは大事です。会社は株主のものか、それとも社員のものか、と言うけれど、人本主義をちゃんとやれば、株主にもメリットがあります」

つまり、人を大事にすることが結局は株主のメリットにもなるということです。ニデックや京セラについては第6章で取り上げますが、どちらもまさに「パーパス」を大事にすることで成長してきた企業です。

さらに言えば、世界規模でも、こうした「人を大事にする経営」が主流になりつつあります。アップルやグーグルといったリーディングカンパニーも、「人の話をよく聞く」タイプのトップが率いるようになっています。

破綻しつつある株主主権の資本主義をいまだ「グローバルスタンダード」と崇めている日本企業は、速やかに目を覚ますべきでしょう。

ＳＤＧｓを超えた「新ＳＤＧｓ」の時代へ

パーパスが注目を集めるもう一つの背景として、三つのメガトレンドがあります。具体的には、「サステナビリティ」「デジタル」「グローバルズ」の三つで、それぞれの頭文字を取って、私はこれを「新ＳＤＧｓ」と名づけています。

２０１５年に国連サミットで採択された「ＳＤＧｓ」（Sustainable Development Goals＝持続可能な開発目標）は極めてわかりやすく、非の打ちどころのない目標ですが、今後は持続可能性（サステナビリティ）だけを考えても、企業としての競争優位は築けません。サステナビリティとはいわば、「存在資格」であり、未来へのエントリーチケットにすぎないからです。

私の提唱する「新ＳＤＧｓ」は、このサステナビリティ（Ｓ）に加えて、「デジタル」

（Ｄ）と「グローバルズ」（Ｇ）を加えたものです。

デジタルについて、今、最も大きな話題は、「ＡＩ（人工知能）」でしょう。

デジタルは人間を豊かにするものと考えられていましたし、実際、人間の生活を大いに豊かにしてきました。しかし、近年はその弊害が叫ばれるようになっています。例えば、監視社会化が進むことで新たな人権問題が発生したり、ＡＩが人の思惑を無視して暴走したりという事例が相次いでいます。

２００５年、ＡＩの権威であるレイ・カーツワイル博士は、２０４５年がシンギュラリティ（技術的特異点）、つまりＡＩが人間の知性を超える時点だと提唱しました。ただ現時点でも、ＡＩが人間の知性に近づいてきていることは確かです。

２０２２年11月、アメリカのOpenAI社が公開した対話型ＡＩ「ChatGPT」は世間の注目を大いに集めました。こうした対話型ＡＩによりさまざまな業務が効率化される一方で、多くの仕事が淘汰されるという話もまことしやかに叫ばれています。まさに、ＳＦの中で描かれているようなデジタルディストピアです。

市場原理に基づいた発想のままでは、そのような未来が訪れるのは必然です。人間

図表0-3 新SDGs

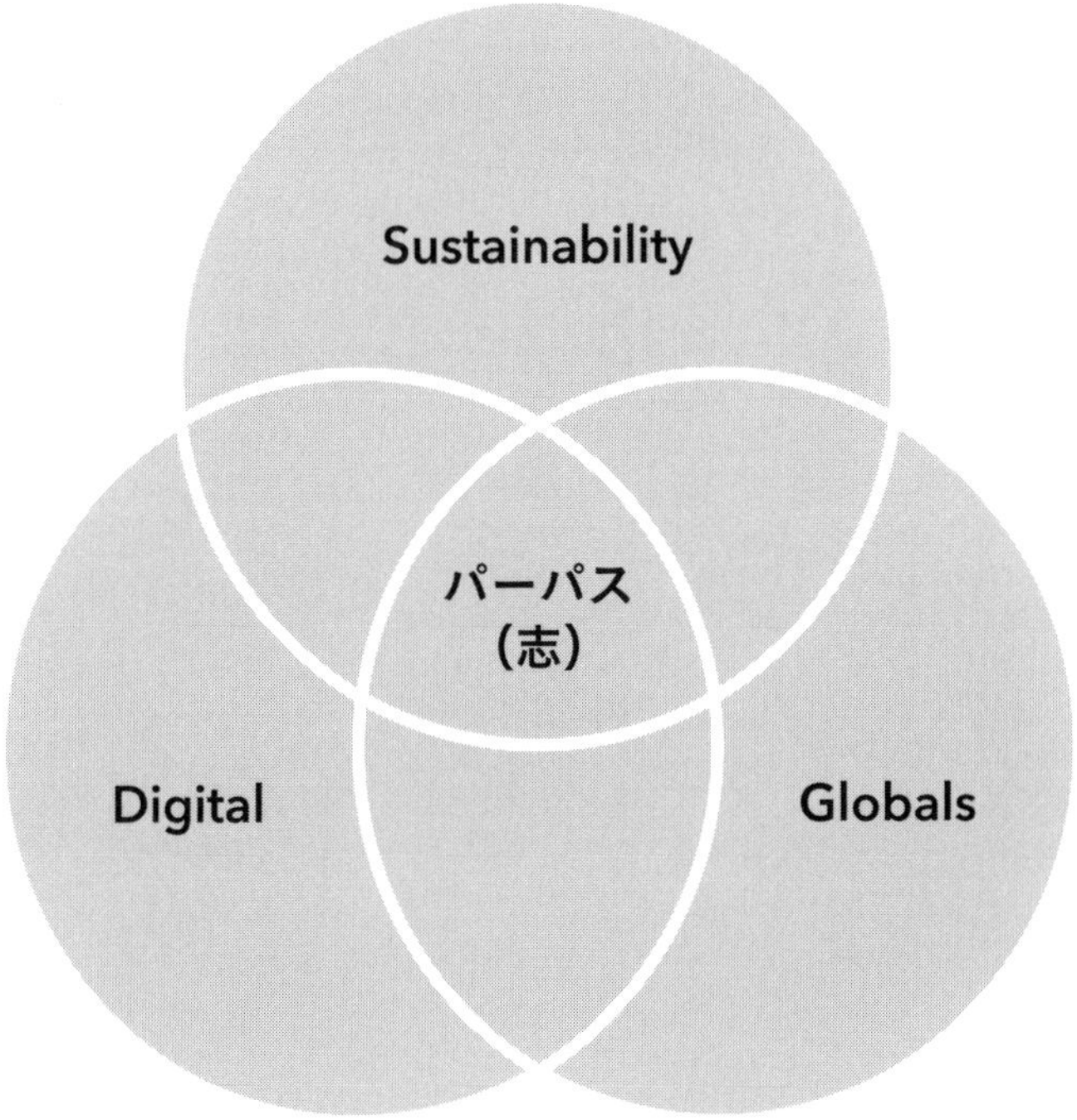

「サステナビリティ」「デジタル」「グローバルズ」という
3つの大波を危機から機会に転換するためには、
パーパス（志）を中心にビジネスを展開する必要がある。

をＡＩに置き換えれば、その分、効率が高まり、資本がどんどん増殖していくからです。

だからこそ、デジタルをどう活用するかについて、「人間」を中心に考えなければならない時代になっているのです。

そして「グローバルズ」です。

世界はボーダレス化が進んでいると言われてきましたが、ロシアのウクライナ侵攻を例にあげるまでもなく、民族や国家の思惑が錯綜し、ますます世の中はボーダフルになっています。私はその意味で「グローバルズ」と複数形を使っています。

だからこそ、今後は国内や地域に閉じた取り組みではなく、国や地域を超えた取り組みが必要となります。

では、その中心となるのは何かと言えば、「パーパス」です。

第1章で詳述しますが、ソニー（ソニーグループ）や花王といったリーディングカンパニーは、パーパスを設定することで、国や地域を超えた活動を展開しています。

パーパスを中心に動きつつ、その地域の特性に合わせたビジネスを展開する。それが多くの企業に求められているのです。

企業が直面する「三つのシフト」

社会の変化という意味でもう一つ、見逃してはならないのが「市場」の変化です。市場は大きく三つに分けられ、その一つ目が顧客市場、二つ目が人財市場、三つ目が金融市場です。そして、この三つの市場すべてで今、大きな変容（シフト）が起きています。

一つ目の顧客市場で起きているのが「ライフ・シフト」です。

これは2016年に発刊された、ロンドン・ビジネススクールのリンダ・グラットン教授らが書いた『ライフ・シフト』（邦訳、東洋経済新報社、2016年。原題は“The 100-Year Life”）で知られるようになった言葉です。「人生100年時代」の到来により、「太く短く」「今だけ、ここだけ、私だけ」という価値観が否定され、多くの人がより広く、かつ長いスパンで物事を考えるようになりました。

具体的には「今だけでなく将来」「ここだけでなく世界全体」「私だけでなく我々」へのシフトです。いわゆるエシカルな消費（環境などに配慮した消費）が求められるのもそのためです。企業はこうした動きを無視することは不可能になっています。

そして、二つ目の人財市場において起きているのが、「ワーク・シフト」です。

同じグラットン教授が2011年に『ワーク・シフト』（邦訳、プレジデント社、2012年）という本を出しており、2025年の働き方を予測しています。実は私は、『ライフ・シフト』よりもこの本に衝撃を受けました。

その内容は、今後は優秀な人ほど組織を離れ、フリーランサーとして働くようになるというものでした。あるいは、自分のやりたいことに応じて、次々と会社を移っていく。それが未来の働き方であると言います。

実際にアメリカでは、この予測の通りのシフトが起きています。

2022年時点で、アメリカではフリーランサーの人口が7040万人。これは就

図表0-4　3つの市場で起きている変化

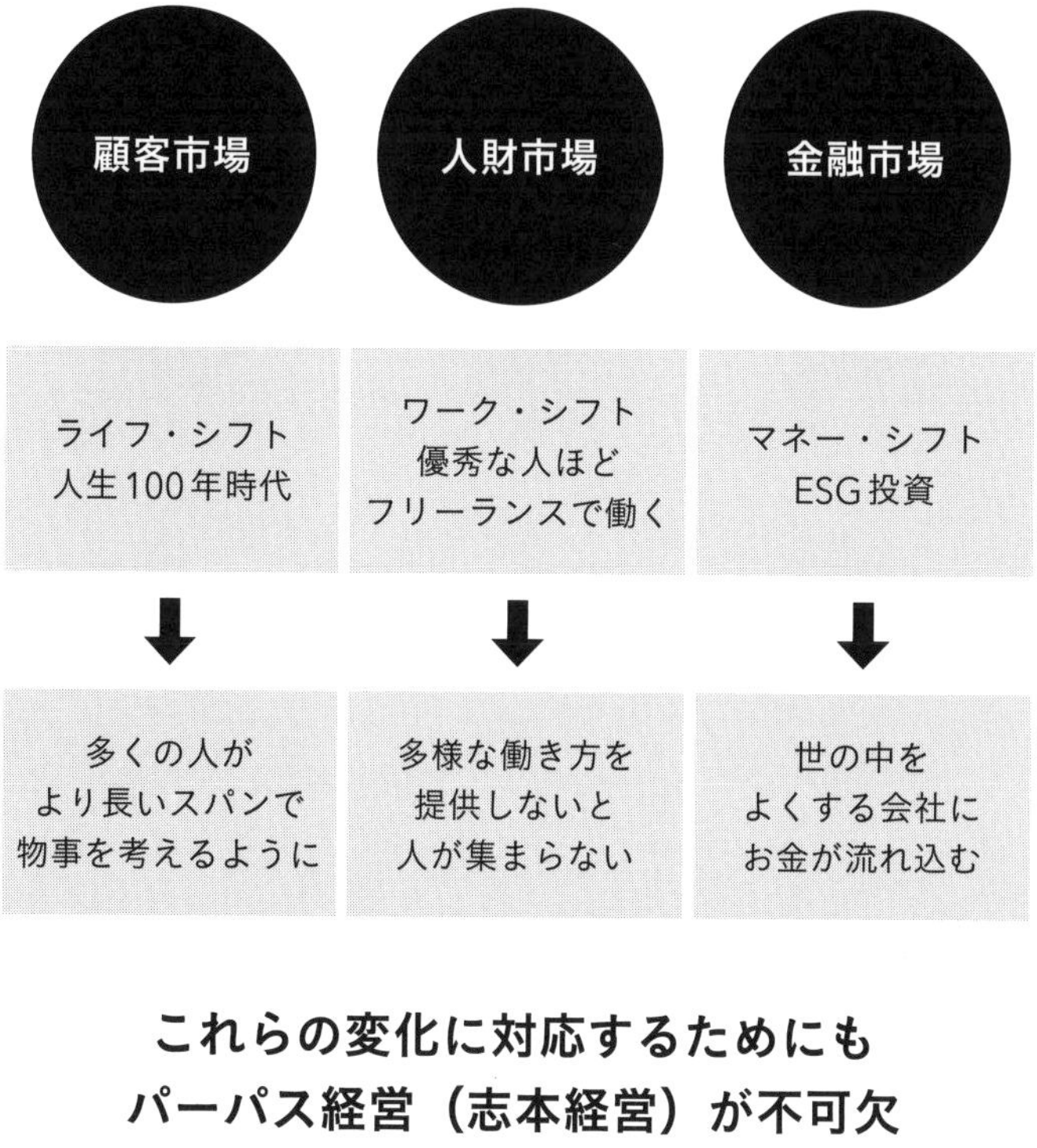

業人口の約36パーセントに当たります。

では、日本のフリーランサーの状況はどのようになっているでしょうか。

２０２０年の「内閣官房による統一調査」では、４６２万人（本業２１４万人／副業２４８万人）と試算されています。また、民間企業のランサーズによる調査では、フリーランサーの人口は２０２０年１月には１０６２万人でしたが、２０２１年10月には１５７７万人に増加しています（『新・フリーランス実態調査　２０２１－２０２２年版』２０２１年）。

この急激な増加にはコロナ禍が影響したと言えますが、このような時代、いわゆる終身雇用により社員を会社に縛りつけるような仕組みはナンセンスです。あるいは、副業禁止で自由な働き方を阻害するような企業には、人が集まらなくなるでしょう。

あらゆる企業が多様な働き方を提供する必要が出てきているのです。

「マネー・シフト」で市場はＥＳＧの流れに

三つ目は「マネー・シフト」です。より具体的に言えば、ＥＳＧに代表される「地球環境や社会問題について考慮する企業に投資をする」という流れです。

これまでは「より多くのお金を生み出す企業にお金が流れ込む」というのが常識でした。それが「世の中をよくする企業にお金が流れ込む」へと変わりつつあるのです。

ＥＳＧとは、環境（Environment）、社会（Social）、ガバナンス（Governance）を指します。これらを重視する企業に投資すべきという考え方がＥＳＧ投資であり、そのベースとなるのが、２００６年に国連が提唱した「ＰＲＩ（責任投資原則）」です。

当時、国連事務総長だったコフィー・アナン氏は、機関投資家に対して、ＥＳＧを投資意思決定に加味することを提言しました。それ以降、先進国ではＥＳＧ投資が進んでいます。

日本でも2015年、世界最大級の年金運用機構であるGPIF（年金積立金管理運用独立行政法人）がPRIの署名機関となりました。つまり、今後は日本の巨大な年金マネーがESG投資によって運用されていくということです。

2019年、GPIFのCIO（Chief Investment Officer＝最高投資責任者）を務めていた水野弘道氏（当時。2020年3月末で退任）に、私は「なぜ、ESGなのか」と質問したことがあります。水野氏からは、端的に「リスク対策」という返答をいただきました。

つまり、安定収益を目指した長期投資をする場合、環境や社会に配慮しない企業、そしてガバナンスが緩（ゆる）い企業は、不祥事を起こすリスクを抱えている可能性があると考えられるということです。

三つのシフトもまた、「パーパス」の重要性を高めている

顧客市場、人財市場、金融市場で起きているこれらのシフトが示しているのは、どういうことなのでしょうか。

「今だけでなく未来」「自分だけでなく我々」という発想は、まさに目先の利益を追い求める市場主義の対極をなすものです。

また、「優秀な人ほどフリーランスで働く時代」においては、企業に人財を惹きつける魅力がないと、人がどんどん離れていってしまうでしょう。

また、社会をよくしようとする企業でなければ、投資の対象になりません。

パーパスとは、「自分たちの思いと社会の思いが重なるもの」だと述べました。社会のためになり、かつ、自分たち自身もワクワクするようなことこそがパーパスです。

つまり、三つの市場で起きているシフトに対応するためにも、パーパスを中心に据えた経営が不可欠だということです。

今こそ見直される日本型経営の力

競争戦略の大家（たいか）であるハーバード・ビジネススクールのマイケル・ポーター教授は、2011年に「CSV」（Creating Shared Value＝共通価値の創造）を提唱しています。社会価値（SV）を高めながら、自（みずか）らの経済価値（EV）も高めるという、新たな経営のアプローチです。

しかし、「社会をよくしつつ、自らの業績も上げていく」という考え方は、日本人にとって決して目新しいものではないはずです。人によっては「それの何が目新しいのか？」とすら思うかもしれません。

実際、この流れをたどっていくと、日本が伝統的に重視してきた考え方に行きつきます。

その代表的なものが、近江商人のいわゆる「三方よし」です。売り手だけでなく買い手も満足し、さらにその商いが世の中の発展に貢献すべき、という考え方です。

近江商人の系譜を引く伊藤忠商事は２０２０年に、グループの企業理念をこの「三方よし」に改訂しました。

２０２０年の年頭挨拶で、当時、社長兼ＣＯＯだった鈴木善久氏（現専務理事）は、全社員に向けて次のように語りました（「伊藤忠、企業理念を『三方よし』に　28年ぶり改訂」日本経済新聞電子版、２０２０年１月16日）。

「利益はもちろん、環境や社会にどれだけの価値を生み出しているかで企業価値が評価される時代になった。20年は三方よしの原点に立ち返る年にしたい」

また、住友グループが大事にしている「自利利他公私一如」の企業精神も同様です。初代・住友政友が約３５０年前に『文殊院旨意書』に記した「浮利に趨らず」という家訓の教えから生まれたものです。

自利利他公私一如、すなわち、自分たちが利益を上げることが国家や社会の利益になり、それがまた自社の利益になるという循環の考え方からは、利己的なＤＮＡと利他的なＤＮＡはトレードオフではなく、両者がトレードオンになるという思想が読み取れます。

日本は、江戸時代にすでに、この発想に行きついていたのです。

昭和の高度成長の陰にも同じ思想があった

実は昭和の高度経済成長を支えた経営者たちにも、同様の発想がありました。代表的なのがパナソニックグループ創業者・松下幸之助氏です。

松下氏の経営思想の中でも有名なものに、「水道哲学」があります。価値はあっても供給量が多いために値(ね)がなきに等しい水道水のように、必要な製品を大量に生産することで、安価に、広くあまねく普及すべきという松下氏の考え方は、ともすればコモディティ化の話と同一視されがちですが、そうではありません。その根底にはむしろ「誰もが発展の恩恵を享受すべき」という考え方があるのです。

これらの商道徳は、日本古来の思想に深く根づいています。時代遅れの日本的な考え方だと思われていたものが、今、再び脚光を浴びるようになっています。

パーパス経営は現実逃避ではない

ここで急いで付け加えたいことがあります。それは、「世の中をよくすることと、経済的な発展は両立できる」ということです。

「世の中をよくする」というと、いわゆるソーシャルビジネスやNPO活動のように「最低限の利益で社会に貢献する」という活動と同一視されがちです。

また、前述の「行きすぎた資本主義」への反発から、「これ以上の経済的な繁栄はいらない」という言説もしばしば耳にします。

確かに、成長のみを求め、行きすぎた資本主義が多くのひずみを生み出したのは事実です。

しかし、経済的な成長なくして、世の中に山積するさまざまな問題や不幸の解決は不可能です。それを無視して「今のままでいい」と考えるのは、明らかな逃避だと私は思います。

松下氏をはじめとした昭和の経営者たちは、経済的な繁栄を重視しました。松下氏はPHP研究所を創設しましたが、PHP（Peace and Happiness through Prosperity）の最後の「P」がプロスペリティ（繁栄）であることが、それをよく示しています。

私は「閉塞感を抱えている日本のリーダーたちに元気になってもらいたい」ということを、本書の目的として掲げています。日本のリーダーたちに元気がないのは、日本がこの30年にわたり低成長を続けてきたからです。

いくら「社会にいいことをする」というパーパスがあったとしても、経済的な成長なくして人は元気になることはない。私はそう考えています。

時代を先取りしていた渋沢栄一

もちろん、社会をよくすることと経済的な繁栄を同時に求めることは、そう簡単ではありません。しかし、これについても実は、日本は世界の最先端を走ってきました。

例えば江戸時代の思想家である二宮尊徳は「道徳なき経済は犯罪であり、経済なき道徳は寝言である」という名言を残しています。まさに、経済も道徳も両立させなければならないということです。

中でも代表的なのが、明治の実業家である渋沢栄一です。渋沢は論語（社会貢献）と算盤（経済的繁栄）という言葉で、その両立を説いています。

渋沢はその著書『論語と算盤』の中で次のように語っています（引用は守屋淳訳『現代語訳 論語と算盤』ちくま新書、2010年より）。

「人情の弱点として、利益が欲しいという思いがまさって、下手をすると富を先にして道義を後にするような弊害が生まれてしまう。それが行きすぎると、金銭を万能なものとして考えてしまい、大切な精神の問題を忘れ、モノの奴隷になってしまいやすいのだ」

このように道徳と利益の両立を目指す思想を、「道徳経済合一」または「義利合一」と言います。これは、合理主義や利己主義に陥(おちい)りやすい西欧型資本主義への戒(いまし)めです。

渋沢栄一は資本主義という言葉は用いずに、「合本主義」という言葉を使いました。合本主義とは、公益を追求するという使命や目的を達成するのに最も適した人財と資本を集め、事業を推進させる考え方です。

ここで重要なのは、社会的貢献と経済的繁栄を「or」ではなく「and」で結ぶということです。

渋沢栄一の玄孫であるコモンズ投信会長の渋澤健氏は、「論語と算盤」の「と」について、思想の根底に流れるパワーを『「と」の力』と呼び、経営の神髄であると言います。また、インクルージョンやサステナビリティなどは、まさにこの「と」の力の重要性の再認識だと言っています。

渋沢栄一は「日本の資本主義の父」と呼ばれています。しかし、その資本主義とは西洋のモノマネではなく、最初から日本独自の資本主義であったのです。

パーパスとは「志」である

では、そんな渋沢の思想の中心にあったものとは何か。私はそれが「志」だと考えています。

渋沢栄一は『論語と算盤』で、志について、次のように述べています。

「志を立てることは、人生という建築の骨組みであり、小さな志はその飾りなのだ。だから最初にそれらの組み合わせをしっかり考えてかからないと、後日、せっかくの建築が途中で壊れるようなことになりかねない。志を立てることは、このように人生にとって大切な出発点であるから、誰しも簡単に見過ごすことはできないのである」

この言葉の「志」を「パーパス」に、「人生」を「経営」に置き換えれば、そのままパーパス経営の重要性を語った文章になります。

ここまで「パーパス」という言葉を使い、私自身『パーパス経営』(東洋経済新報社、2021年)という書籍も書いているのですが、実はこのパーパスという言葉がどうもしっくりきていません。パーパスという英語を使わなくても、日本語の「志」という言葉のほうが、よりその本質を表しているように思うのです。志を中心とした「志本主義」であり、「志本経営」です。

「道を究める」ことが価値を生む時代に

志という字を分解すると、「士」の「心」となります。士とは武士の士であるとともに、弁護士や栄養士などの士でもあります。

つまり、一つの道を究めようとする求道者であり、プロフェッショナルのことです。「華道」「茶道」「柔道」など、あらゆるものを道として究めようとするのが日本人の特性であると考えると、士の心である「志」を中心に据える「志本経営」もまた、極めて日本的ではないでしょうか。

明治の元勲たちを多数輩出した松下村塾において、吉田松陰が塾生たちに問い続けたのもまさに「あなたの志は何か」ということでした。その教育が、明治の政治家たちの精神的な支柱になったのです。

志を立てるだけで、本当に日本の停滞から脱出できるのか、疑問に思う方もいるでしょう。

もちろん、それだけではダメで、それを社員の心に浸透させ、着実に実行していく必要があります。本書では、続く章で、その方法について解説していきます。

しかし、そのスタートとなるのはあくまで「志を立てる」ということなのです。

さらに言えば、「志本経営」のカギとなるのは、実は日本の企業を支えるミドルリーダーです。今、最も元気のないこの層が志を立てることで、仕事は楽しくなり、会社も日本も元気になるのです。

第1章

パーパスこそが、あなたと会社の閉塞感を突破する

リーディングカンパニーはすでに「志本経営」を進めている

行きすぎた資本主義が全世界的に見直されつつあり、その結果として「志」を原点に据えた「パーパス経営」が求められるようになっている。そして、パーパスとはいわば「志」であり、それは日本および日本の企業が元々大切にしてきたものに他ならない。

序章では、このようなお話をさせていただきました。

しかし、日本ではいまだに多くの企業が行きすぎた資本主義、すなわち利益至上主義から抜け出すことができていません。

そして、それが現代のビジネスパーソンが抱えている閉塞感につながっています。

その一方で、世にリーディングカンパニーと呼ばれるような企業では、パーパス経営――私の言葉では「志本経営」――をすでに実行しているところも増えています。

本章ではそうしたケースを取り上げつつ、パーパスとはどういったものであるか、なぜそれが大事なのかについて、詳しく見ていきましょう。

「KANDO」で異次元の成長を遂げたソニー

行きすぎた資本主義経営を見直し、いち早くパーパスの重要性に気づいたことで復活を遂げた企業があります。それがソニーです。

かつてはその技術力の高さで知られたソニーは、2000年代に入ったころから業績を悪化させていき、2003年にはいわゆる「ソニーショック」と呼ばれる株価大暴落が発生。そんなソニーを立て直したのが、2012年に社長に就任した平井一夫氏でした。

ここで平井氏が掲げたパーパスが、「ＫＡＮＤＯ（感動）」です。

就任直後、劇的なＶ字回復を果たしたのち、平井氏はソニーをさらに元気な企業にしたいと考えました。

世界中の多くの社員との対話を行った中で平井氏は、ソニーの原点は「ＷＯＷ」という言葉にあると、改めて気づいたと言います。人々が「ＷＯＷ」と驚いたり感動したりする製品を生み出すことこそが、ソニーの原点。そこから生まれたのが「ＫＡＮＤＯ」という言葉だったのです。

ソニーは、Ｂ２Ｂの製品から、Ｂ２Ｃの家電やゲーム機などのデジタル製品、エンターテインメントまで、さまざまな事業を持つ企業です。そんな、一見バラバラな事業体を持つソニーを「感動を届ける会社」として定義し直したことで、一致団結させることに成功したのです。ソニーはその後、異次元の成長を果たします。

この「ＫＡＮＤＯ」を体現したプロジェクトに、２０１８年１月に再び発売された、自律型エンタテインメントロボット「ａｉｂｏ（アイボ）」があります。

1990年代末に発売され、いったん販売終了していたAIBO（アイボ）を復活させたのは、ソニーが培（つちか）ってきた技術力を用いてユーザーに感動を与えることができると判断したからでしょう。そして実際、aiboは大きな話題となりました。

あえて日本語を使った意義

平井氏は著書『ソニー再生――変革を成し遂げた「異端のリーダーシップ」』（日本経済新聞出版、2021年）の中で、「戦術や戦略といった施策ももちろん重要ですが、それだけでは組織をよみがえらせることはできないのです」と述べています。だからこそ組織をよみがえらせるためには、自信をなくし、実力を発揮できなくなった社員の心の中に眠っている情熱をしっかり解き放って、チームとしての力を最大限、引き出すことが重要だと言っています。

それを愚直（ぐちょく）にやり通してきたことで、ソニーは再生しました。

後を継いだ吉田憲一郎氏（現ソニーグループ会長CEO）もまた、社長就任から8カ月後に、「クリエイティビティとテクノロジーの力で、世界を感動（KANDO）で満たす」を、自社のパーパスとして掲げました。

ソニー復活の理由は一つではないと思いますが、「KANDO」というパーパスを掲げたことで、組織の力を最大限に引き出したことがその大きな一因となったことは、紛れもない事実でしょう。

既存のよくある言葉ではなく、「感動」という日本語をあえてそのまま「KANDO」という言葉として発信したことも、パーパスの訴求力を高めたと言えるでしょう。グローバル企業であるソニーが「ボーダフル」な時代に一体となるために、まさにこれしかないというパーパスだったのです。

「Kirei」を世界に届ける花王

同様に日本語をうまく用いたパーパスを掲げているのが、生活家庭用品のナンバーワン企業である花王です。

2019年4月、当時社長だった澤田道隆氏（現会長）は「Kirei Lifestyle Plan」を発表しました。

花王のホームページでは「Kirei Lifestyle」について、次のような説明をしています。

「Kirei Lifestyleとは、こころ豊かに暮らすこと。
Kirei Lifestyleとは、すべてにおもいやりが満ちていること。
自分自身の暮らしが清潔で満ち足りているだけでなく、

周りの世界もまたそうであることを大切にすること。
Kirei Lifestyleとは、こころ豊かな暮らしが、
今日だけではなく、これからも続くと安心できること。
日々の暮らしの中で、たとえ小さなことでも、
正しい選択をして、自分らしく生きるために。

花王はこうしたKirei Lifestyleが
何よりも大切だと考えています。
だからこそ、決して妥協をせず、
正しい道を歩んでいきます。
世界中の人々のこころ豊かな暮らしのために、
私たちは革新と創造に挑み続けます」

花王は、「Kirei Lifestyle」のための革新と創造に挑(いど)み続けることを自社のパーパスとして宣言しています。

キレイという言葉には「美しさ」という意味に加え、「清潔」「整っている」という意味も込められています。そこには、単に見た目だけではなく、生活の姿勢や振る舞い、自然を大切にして慈(いつく)しむ気持ちも含まれています。それが、日本語の「Kirei」(キレイ)という言葉を選んだ理由でしょう。

グローバル企業では、わかりやすさを求めるあまり、SDGsに迎合(げいごう)したような英語のフレーズを使いがちです。しかし、あえて日本語を持ってきたところに、花王の志の高さを感じます。「Kawaii」同様、「Kirei」もまた、世界の共通語にしたいという意思の表れでしょう。

澤田氏はインタビューの中で次のように語っています(澤田道隆「C-SUITE INTERVIEW 自らの殻を破り、世界での勝ちパターンを築く ESGを経営戦略のど真ん中に据える」『ダイヤモンド クォータリー』2019年冬号)。

「最終的にはこれだけは実現したい。世界の人々に『Kao』を知っているかと尋ねれば、『あのKireiブランドの会社ね』と言われること。われわれが本気でESG経営を実践すれば、それは実現できると信じている」

また、同インタビューで澤田氏は「グローバルで存在感のある会社」を願い、『イノベーションの花王』と評価もされたい」と語っています。

同社の海外売上高比率はまだ40パーセント程度ですが、ここ数年、中国を中心に海外での売上高比率を伸ばしています。

新SDGsにマッチした取り組み

花王の取り組みには私も関わっています。2018年に開かれたESGラウンドテーブルでは、澤田氏を含めた全経営幹部がESGのグランドデザインを議論する会議に私も参加し、CSVを含めた世界の動向についてお話ししました。

また、その前後に行われた「Kirei Workshop」では、半日間、私がファシリテーター役を務め、各世代の部門から選ばれたトップクラスの人たちが、「『個人』のKirei の実現」「『コミュニティ』の Kireiづくり」「『地球』の未来 Kirei の保全」の三つのテーマについてブレーンストーミングを行いました。

花王のパーパスでは、序章で私がお話しした「新ＳＤＧｓ」の視点がしっかりと踏まえられていると感じます。「サステナブル」はもちろんのこと、「グローバルズ」もしっかりと意識していることは、澤田氏の発言からもわかります。

花王はデジタル活用についても極めて先進的です。中でもR&D領域での成果が目覚ましく、２０１８年には先端技術戦略室（ＳＩＴ）を発足させ、ＤＸを推進しています。例えば、人工皮膚「Fine Fiber」を開発したり、花王の皮脂（ひし）ＲＮＡモニタリング技術を活用した、乳幼児の肌バリア状態を把握する検査サービス「ベビウェルチェック」が、２０２3年3月に名古屋大学発のベンチャー企業であるヘルスケアシステムズから発売されたりしています。

花王の「Kirei」は、非常に多様性のある言葉であるとともに、誰にとってもイメージしやすい、大企業をまとめるにふさわしいパーパスと言えるのではないでしょうか。

ファーストリテイリングが定義する「LifeWear」とは？

非常に壮大なパーパスを掲げているのが、ユニクロを展開するファーストリテイリングです。そのパーパスは、「服を変え、常識を変え、世界を変えていく」。

そして、それを象徴するのが「LifeWear」という概念です。この言葉は、会長兼社長の柳井正氏をはじめ、同社の社員にもDNAとして根づいています。

なぜ、服が世界を変えていくのか。

それを知るためには、服が人類の歴史の中でどのような役割を担ってきたかをさかのぼって考える必要があります。

大昔、服は身体を守るためのものでした。それが、時代を経るにしたがって、自分をよく見せるためのもの、着飾るためのものになってきました。ファストファッションなどはその象徴です。

とはいえ、トレンドに振り回されて洋服をコロコロ変える消費のあり方は、本当に人間らしいものでしょうか。

自分らしいスタイルを見つけて、快適に過ごすことこそが、21世紀の人間らしい生き方ではないのか。ファーストリテイリングは、それを実現するものこそが「本当にいい服」だと主張するのです。

服は自分と社会との接点です。それだけに、服が変われば、人間が変わり、社会との関係、対人関係のあり方も必然的に変わります。だからこそファーストリテイリングは、服を通して一人ひとりが自分らしく過ごせる環境を作り出し、世界を変えていけると信じています。

「LifeWear」は、いわば「究極の普段着」。身体的な心地よさが満たされ、生活に根差し、年齢や性別にかかわらず、誰もが自然と選びたくなる衣類です。生活のあらゆる場面に適し、機能性が高く、品質もよく、手頃な価格の商品です。代表的な商品には、ヒートテックやエアリズムなどがあります。

なんとも壮大な話です。しかし、日本のみならず世界中にファーストリテイリングの事業が急拡大していく中で、ブレずに経営を進めるためには、このくらいの壮大なパーパスが必要だということです。

実際、ファーストリテイリングの業績は絶好調で、売上3兆円を射程圏内に入れています。中でも海外の売上が大躍進しています。

「服を変え、常識を変え、世界を変えていく」という壮大なパーパスを、「LifeWear」というわかりやすい言葉に置き換えたことが、ファーストリテイリングのユニークさと言えるでしょう。

パーパス自体は企業によって長いものもあれば短いものもありますが、ソニーの「KANDO」や花王の「Kirei」同様、それを象徴的に表す言葉があれば、社内にも社外にも伝わりやすくなります。

「善の循環」精神を日本から世界へ――ＹＫＫ

Ｂ２Ｂ企業も見てみましょう。富山県に技術の中心拠点を置くＹＫＫは、世界トップシェアを誇るファスナー事業や、建材事業などを持つ優良企業です。皆さんも毎日、ＹＫＫのファスナーにお世話になっているはずです。

このＹＫＫが、創業以来80年以上大切にしてきた精神が「善の巡環」です。まずは、他人の利益を考え、それが世界をよくしていき、巡り巡って自社の利益になるという、まさに「利他精神」の考え方であり、同社のパーパスと言えるでしょう。

ＹＫＫの経営の特徴は、この徹底的な顧客目線の発想にあります。その象徴とも言える取り組みが、海外への進出です。

ＹＫＫは世界70カ国以上に進出するグローバルカンパニーですが、その経緯はユニークなものです。

ＹＫＫは顧客へいち早く製品を納入するため、取引先の工場のそばに自社工場を建てるということを繰り返してきました。そのうちに、さまざまな国や地域に進出していくことになったのです。

つまり、「顧客のため」を徹底しているうちに、世界70カ国以上に進出するグローバルカンパニーになっていた、ということです。

そんなＹＫＫがもう一つ意識しているのが、進出した地域への貢献です。

ＹＫＫでは20代から海外に長期派遣される社員も多いのですが、そのときのはなむけの言葉は「土地っ子になれ！」です。徹底的に現地に溶け込み、現地コミュニティに貢献することが求められるということです。ＹＫＫでは20年以上の駐在でないと海外駐在経験者とは呼べないと言われるということからも、その本気度が伝わってきます。

経営陣も頻繁(ひんぱん)に海外に出向き、現地社員と「車座集会(くるまざ)」を開いて、パーパスである「善の循環」を伝えています。

図表1-1　YKKの「善の循環」

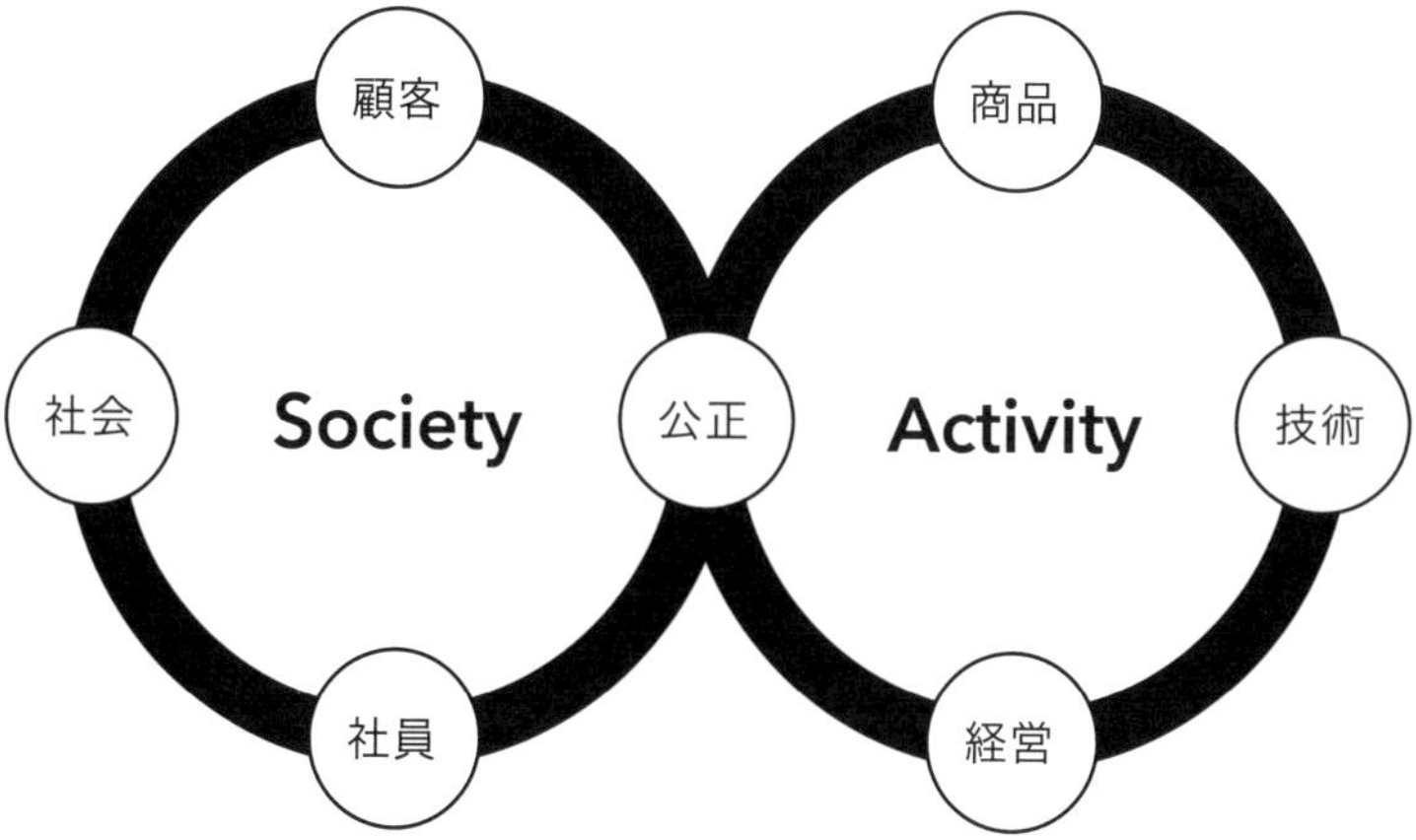

出所：YKK

世界中に散らばる社員をまとめ上げているものこそ、この「善の循環」であると言えるでしょう。

ＹＫＫが提示する「新しい資本主義モデル」

ＹＫＫにはもう一つ、特筆すべき特徴があります。

ＹＫＫは非上場企業なのですが、筆頭株主が「社員」なのです。

ＹＫＫでは、従業員が事業へ積極的に参画（さんかく）すべきという考え方から、従業員による株式保有を積極的に進めてきました。そのため、現在のＹＫＫの筆頭株主は従業員持株会（ＹＫＫ恒友会）、つまり「社員・元社員」なのです。

ＣＳＶフォーラムというイベントに登壇していただいた際、会長の猿丸雅之氏にこの件について聞いてみたところ、非常に印象的な答えが返ってきました。

「（元）社員株主は、一般株主よりよほど怖い存在だ。彼らは内部事情に詳しい。われわれが志に基づいてしっかり経営しているかどうか、目を光らせている」

一般に「株主資本主義」の世界では、一般株主が目を光らせているからこそ企業統治がうまくいく、という発想です。しかし、それが「カネがカネを生む」という儲け主義につながってしまったことは紛れもない事実です。

ＹＫＫの「社員志本主義」こそ、「株主資本主義」を脱して、次に目指すべきモデルの一つだと、私は考えています。

なんと「おもしろおかしく」がパーパス！
――堀場製作所

もう一つ、ユニークなパーパスを持つＢ２Ｂ企業を紹介しましょう。京都の計測機器大手・堀場製作所です。同社のパーパスは「おもしろおかしく」。

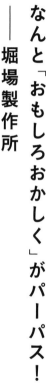

同社は「自動車計測」「環境・プロセス」「半導体用」「医用」「科学」などさまざまな分野に手を広げており、自動車エンジンの排ガス測定装置は世界シェアで80パーセントを占めています。半導体の製造に使われているマスフロー・コントローラーでは世界シェアナンバーワンです。

経済産業省の「グローバルニッチトップ企業１００選」にも選ばれており、事業規模は２０００億円を超えています。

そんなグローバル企業が一見ふざけているような「おもしろおかしく」をパーパスにしているのには、もちろん、理由があります。

堀場製作所のホームページでは次のように伝えています。

「人生の一番良い時期を過ごす『会社での日常』を自らの力で『おもしろおかしい』ものにして、健全で実り多い人生にして欲しいという前向きな願いが込められています。そのために会社は『おもしろおかしく』働ける舞台を提供します。そこで従業員が『おもしろおかしく』仕事をすれば、発想力や想像力が増すとともに、効率も上がり企業価値が高まります。その結果、お客様、オーナー(株主)、サプライヤー、そして社会とＷＩＮ－ＷＩＮの関係を構築できます」

ここで注目すべきは「会社での日常」、つまり仕事の時間を実りあるものにしてほしいという視点でしょう。

少々余談になりますが、私は昨今の「働き方改革」に疑問を抱いています。

もちろん、度を超えた残業などは厳しく取り締まられるべきでしょう。しかし、「仕事はなるべく早く終わらせて、余暇を楽しもう」という考え方、いわゆる「ワーク・ライフ・バランス」という発想は、ライフとワークを完全に切り離し、「ワークは食べていくために仕方なくやるもの」とみなしているように思えてならないのです。

でも、人生のうちかなりの時間を費やす「仕事」の時間を「仕方なくやるもの」としてしまうのは、非常にもったいないことです。このような発想では結局、ワークもライフも充実させることができないのではないでしょうか。

日本企業の「社歌」が海外で大人気に

堀場製作所の考え方では、ライフとワークは一体化しています。そして、「おもしろおかしく」働くことこそが自己実現になり、さらには企業の業績にもつながると考えているのです。

これは日本的な考え方だと思うかもしれませんが、そうではありません。「おもしろおかしく」は「Joy & Fun」と英語に訳されて、世界中で共有され、共感されています。

堀場製作所は企業買収を繰り返した結果、今では60パーセント以上の社員が外国人です。買収といっても、むしろ向こうから「傘下(さんか)に入りたい」と言ってくるケースが多いそうです。これは堀場製作所のパーパスに、世界中の多くの人が共感を抱いているからこそでしょう。

ちなみに堀場製作所には英語の社歌があり、外国人の社員も含め、みんな喜んで歌っています。昭和の日本の象徴とも言えるような「社歌」が世界で受け入れられているというのは、とても興味深いことです。

「ほんまもん」であるかがカギ

もちろん、「おもしろおかしくやればなんでもいい」というわけではありません。社長の足立正之氏はインタビューで次のように述べています（「#J-CSV企業の考察04　どんな人でも皆いい仕事をしたいという欲望がある」J-naradewa、2020年1月29日、https://www.rashii-branding.com/j-naradewa/story/20200129_horiba1.html）。

「自分のやりたいことが、本当に世のため人のためにどれだけ役に立つのか、どれだけ広がりをもつのかということを捉えるセンスが重要で、このセンスのもとに進めたことは本当に花咲いてきます。目利き(めき)です。これはほんまにいけるもの？　ほんまもんじゃない？　創業者がよく『ほんまもん』と言っていましたが、ほんまもんか、ほんまもんでないかというセンス、それはやはり技術も営業も事業戦略のメンバーもしっかり持っていなければいけない」

「おもしろおかしく」というパーパスに、創業者の「ほんまもん」という言葉が融合して力を発揮する。それが堀場製作所の強さの秘密と言えるのかもしれません。

序章で私は、「ワーク・シフト」の話をしました。優秀な人ほどフリーランスで働く時代、多様な働き方を提供できない企業には人が集まらなくなってしまいます。「おもしろおかしく」という言葉のもと、人生まで充実させるような働き方を提案する堀場製作所のパーパスは、極めて優れたものと言えるでしょう。

パーパスのためには伝統すらも変える
――中川政七商店

ここまでご紹介してきたのは、主に大企業の事例です。骨太かつ壮大なものが多く、「ちょっと荷が重い」と感じた人もいるのではないでしょうか。

また、「パーパスなんていう大層なものは、大企業が作るものだ」と考えている方もいるかと思います。

しかし私は、実は中小企業にこそ、パーパスは重要だと考えています。

ここからは、パーパスを軸に成長している中小企業の例をご紹介していきましょう。

象徴的な例が「中川政七商店」です。元々300年の歴史を持つ奈良晒の問屋でしたが、2008年に13代社長に就任することになる中川政七氏（現会長）が、日本各地の老舗（しにせ）に工芸品を作ってもらう「ＳＰＡ（製造小売り）」方式を導入し、多店舗展開を開始しました。伝統に現代的な意匠を加えた商品を販売し、人気を博（はく）しています。

当時の中川氏は、周囲の工芸メーカーが続々と廃業していくのを見て、「このままでは日本の伝統的な素材や技術がなくなってしまう」という危機感を抱いたそうです。それをなんとかしようと、２００７年に「日本の工芸を元気にする！」というパーパスを掲げ、事業を拡大していきました。

中川政七商店の店舗には、日本各地の老舗による工芸品が所狭しと並んでいます。それも、単なる工芸品ではなく、現代の生活にマッチした使い勝手のいいものばかりです。各地の生産者と中川政七商店とがタッグを組むことで実現したもので、その結果、伝統工芸品が消費者にとって大いに身近なものになりました。

販路が広がった生産者にとっても、もちろん大きなメリットがあります。

中川政七商店の非常にユニークなところは、３００年の歴史を持つ家業であるにもかかわらず、２０１８年に一族の出身ではない社員の千石（せんごく）あや氏を14代目の社長に据えたことです。

中川氏は同社ホームページのトップメッセージで、次のように述べています。

「全てはビジョン達成のためにある。

愚直にビジョンを追い求める中で、やるべきことは増え、背負うべきものが重くなっていきました。さらにここにきて、工芸復活のためには『産地』という単位で物事を考えなければならないという現実に直面し、2017年『日本工芸産地協会』を立ち上げ、また中川政七商店としては『奈良に注力する』ことを決めました。

そこで『工芸は千石』が、『奈良は中川』がそれぞれ当たるということになり、代を譲ることとなりました。中川政七商店300年の歴史の中で一族でないものが代を継ぐというのは初めてのことです。しかしビジョンに従い、『為すべきことを成すため』に判断したまでです。

これからもビジョン達成に向けてそれぞれ精進(しょうじん)していきます」

中川氏は「ビジョン」という言葉を使っていますが、つまりは、３００年続いた伝統よりもパーパスを重視する、ということです。中川政七商店の志の高さがわかります。

アウトドアに「哲学」を――スノーピーク

もう一つは、新潟県に本社を置くアウトドアブランドの「スノーピーク」です。

元々は専門的な登山用品を扱うメーカーでしたが、会長兼社長の山井太（とおる）氏は、プロだけではなく、広く一般の人にもアウトドアのよさを広めたいと考えました。

そこで改めて自分たちのビジネスの価値を考えたときに出てきたのが、「人間性の回復」というパーパスでした。このパーパスには「人間性を回復した人であれば、自然の大切さや未来への持続可能性に気づくことができると信じている」という思いが込められています。

都会で働き、マンションに住むような人は、自然と遠く離れた生活をしています。だからこそ、そんな人たちが自然に触れる体験をすることで、人間性を回復してもらいたい。このような思いのもと、キャンプ用品を始めとしたアウトドアグッズを提案したのです。

元々、専門的な登山用品を扱うメーカーでしたから、技術力はあります。そんな同社が明確なパーパスのもとで一般の人向けの製品を開発するのですから、人気が出ないわけがありません。スノーピークのアウトドアグッズは一躍人気となり、その哲学に共感した熱狂的なファンも数多く存在しています。「人間性の回復」というパーパスによって、アウトドアは単なるレジャー以上のものとなったと言えます。

ちなみにスノーピーク本社のある新潟県の燕(つばめ)・三条地域は金属加工で知られており、同社の製品はそれらの地元メーカーの技術を巧(たく)みに編集したものです。日本のモノづくり力の維持にも貢献しているのです。

「日本の工芸を元気にする！」も「人間性の回復」も、どちらも素晴らしいパーパスでありつつ、等身大のものでもあります。

「これなら自分たちでも真似(まね)できるのではないか」と感じた人も多いのではないでしょうか。

パーパスの「三つの条件」

ここまで、さまざまな企業の「パーパス」を見てきました。

ソニーや花王のような、日本語をうまく活用したパーパス。ファーストリテイリングや堀場製作所のような、グローバル企業にふさわしいパーパス。中川政七商店やスノーピークのような等身大のパーパス。

パーパスはどのような言葉であるべきかについて、絶対のルールはありません。ただし私は、共感を呼ぶパーパスには、以下の三つの要件が必須だと考えています。

それは、「ワクワク」「ならでは」「できる!」の三つです。

図表1-2 パーパスの3つの条件

まず、自分たち自身がそのパーパスに対してワクワクできるかが重要です。危機感ではなく、人々の心にこみ上げる高揚感こそが大切です。「ＫＡＮＤＯ」を生む製品を作ろうというソニーのパーパスは働く人をワクワクさせますし、「Kirei」を世界に広げようという花王の壮大な目標は心を高ぶらせてくれます。堀場製作所の「おもしろおかしく」は、まさにそうした「ワクワク」を言い換えたものでしょう。

そして、自分たち「ならでは」のものであることが必要です。どこにでもあるような目標では、人々の共感は得られません。自分たち「ならでは」の独自のこだわりが見えるものが求められます。

「日本の工芸を元気にする！」という中川政七商店のパーパスはまさに独自のものですし、３００年の歴史を持つ老舗ならではのパーパスでもあります。これが単に「伝統を大事にする」「持続可能な世界を作る」というフワッとしたパーパスでは、誰にも刺さらなかったでしょう。

さらに、当然のことながら、自分たちが「できる！」ことでないと、夢物語で終わってしまいます。

ファーストリテイリングの壮大なパーパスは、長年、製造小売業を手がけてきた経験と確かな製品開発力があってこそ実現できるものです。そうしたバックボーンを持たない企業がいきなり「服で世界を変える」と言い出しても、誰も本気にしないでしょう。

ＳＤＧｓの「18番目」を考えてみる

しかし、現実には多くの企業のビジョンやパーパスからは、この三つの視点が抜け落ちてしまっています。

昨今、特に多いのが、いわゆる「ＳＤＧｓ」をベースにしたパーパスです。「貧困をなくそう」「飢餓（きが）をゼロに」といったＳＤＧｓの17の目標はよくできたものですが、それをそのままパーパスにしても、「ならでは」のものにはなりません。

SDGsを議論の土台にすることは間違ってはいません。しかし、優れた企業はSDGsの「その先」を考えています。

例えばトヨタ自動車は、SDGsの「18番目」のゴールとして、「waku-doki」（すべての人に感動を）というものを掲げています。SDGsのゴールを超えたところにパーパスを据えているのです。

このように、17の目標をベースに「18番目」を考えてみるというのは、自社のパーパス策定の際のヒントになると思います。

あなたの会社にパーパスはあるか？

あなたの会社にはパーパスやビジョン、ミッションというものがあるでしょうか。

あったとして、それを読むたびにワクワクしたり、やる気が湧いてきたりするようなものになっているでしょうか。

もし、パーパスがない、あったとしてもワクワクするものではない、というのなら、ぜひパーパス策定に取り組んでほしいと思います。具体的な方法論は次章以降で述べますが、パーパスこそが日本企業の行き詰まりを打破する特効薬となり得るからです。

とはいえ、何も難しく考えることはありません。一番わかりやすいのは、自分たちの原点を見直すこと。つまり、なぜ自分たちは今、この仕事をやっているのか、歴史もさかのぼって、その原点に立ち返ってみるのです。

仕方がなく今の仕事をやっているという会社はないはずです。では、なぜ自分たちはその仕事をやっているのか。そこを原点に「何をやりたいか」を考えれば、自ずと答えは見えてきます。ソニーや中川政七商店、スノーピークの例は、そのことを教えてくれています。

この「原点から考える」という点では、事業が多角化して本業が見えにくくなっている大企業よりも、中小企業のほうがやりやすいし、それを現場にも浸透させやすい。

だからこそパーパスは、中小企業こそ、経営の一丁目一番地として、真摯（しんし）に取り組むべきなのです。

「今もやっているよ」で終わらないでほしい

最後に一つだけ注意点を述べます。それは「開き直り志本経営」になってはならない、ということです。

自分たちのパーパスとは何かを考えるにあたり、必ずと言っていいほど出てくる意見があります。それは、「今、自分たちがやっていることだって十分、世の中をよくしている」というものです。

それは確かにその通りで、世の中のためになっていないような仕事は見つけるほうが難しいでしょう。例えば小売業や製造業ならば、必要な商品をお客様に提供することで喜んでもらえているはずですし、建設業なら、快適な建物を提供することで、人々の住環境に貢献しているはずです。

ただ、そこで「我々はすでにお客さんに喜んでもらうことで社会に貢献しているのだから、それでいい」となってしまっては、とてももったいないと思うのです。

せっかく志本経営に舵（かじ）を切るのなら、今を肯定するだけではなく、**さらに一歩踏み出してほしいのです。より社会をよくすることに、よりインパクトを与えることに。**

それが中川政七商店の「日本の工芸を元気にする！」であり、スノーピークの「人間性の回復」です。

「そんなのはトップが決めること」ではない！

なぜ、昨今の日本企業で働く多くの人が閉塞感を抱えているかといえば、「失われた30年」により事業が思うように伸びず、成長実感を得られないからではないでしょうか。

そうした閉塞感を打破するものこそが、パーパスです。売上や利益ではなく、「より社会をよくすること」を掲げることで、閉塞感を打破する。さらに、それが業績の改善にもつながる。

その結果、あなた自身の閉塞感を打破することにもつながるはずです。

「パーパスの策定なんてトップのやることだ」と思った方も多いと思います。

しかし、確かにトップの関与は大事ですが、実はそれと同じくらい、ひょっとするとそれ以上に大事になるのが、「ミドルマネジャーの関与」です。
次章からはその視点も踏まえながら、より具体的な話をしていきたいと思います。

第2章

パーパスは「巻き込みながら」作っていく

最高益のときこそビルよりパーパスを

パーパス経営（志本経営）の重要性と、リーディングカンパニーと呼ばれる企業がどのようなパーパスを持ち、パーパス経営を進めているかを、第1章ではご紹介しました。ソニーやファーストリテイリングのような大企業から、中川政七商店やスノーピークのような中小企業まで、業種・規模を問わず、パーパスがいかに重要かについてご理解いただけたたと思います。

では、ここからはより具体的な話に入っていきましょう。

「パーパスはどのように作ればいいのか」という方法論です。

最もよく聞かれるのが、パーパスを作るタイミングです。

もちろん思い立ったときに作ればいいのですが、ベストなのは何らかの区切りになる時期です。例えば新社長就任時や、「創業○○周年」などのタイミング。あるいは、今後の成長戦略を策定しようという際に、まずパーパスの策定から入るのもいいでしょう。

これから事例として説明する仙北谷（せんぼくや）のように、あえて危機の際にパーパスを策定するのもアリです。しかし、できれば順調なときにこそ、パーパスを策定したいところです。危機時にはとにかく目の前の問題解決が優先されるために、なかなか余裕を持ってパーパス策定に取り組めないからです。

私はしばしば冗談半分で、「最高益のときに新社屋を建てる企業はダメ。最高益のときこそパーパスを作るべき」と言っています。最高益というのはつまり、その後は下り坂になっていくということでもあります。また、好調なときというのは意外と慌（あわ）ただしく、先のことを見据えた投資がおろそかになりがちです。そんなときだからこそ、パーパスの策定により、さらなる成長の土台を作らねばならないのです。

例えば今、半導体業界は極めて忙しいですが、そんな中でパーパスを策定しようという動きがいくつもの会社で起きています。これは非常にいいことだと思います。

パーパスを作るのは誰か？

続いて「誰が作るのか」ですが、これはその会社の社風によって違ってきます。

オーナー系企業ではトップが主導して作ることが多く、そのほうがうまくいくこともあります。

ユニークな例として、ホームセンターを運営するカインズがあります。創業家に代わり外部から社長になった高家（たかや）正行氏が、「くらしＤＩＹ」というパーパスを策定したのです。このパーパスには「私のくらし、家族のくらし、地域のくらし。ひとりひとりの、家族の、地域の日常を、楽しくしていきます」という思いが込められています。

カインズの本質を表した非常に優れたパーパスだと思いますが、これは外から来た

図表2-1 パーパスは、いつ、誰が作る？

いつ？
何かの区切りになるタイミングがベスト。 策定期間は、通常、3カ月～半年 例）新社長就任時、創業○周年、最高益を出した時

誰が？
オーナー企業ならトップ主導でうまくいくこともあるが、 さまざまな階層・年齢の人を集めた選抜チームで策定するほうが、浸透が容易になるというメリットがある

人だからこそ、その会社の本質が見えたということだと思います。

ただ、私自身が携わることが多く、また、お勧めもしたいのは、さまざまな階層や年齢の人を集めて選抜チームを作り、チームでパーパスを策定するという方法です。多くの人を巻き込むことでパーパスの浸透が容易になるというメリットがあるからです。

パーパスの策定期間はどのくらいがいいのか

パーパスの策定期間はどのくらいがいいかというのも、よく聞かれる質問の一つです。これまた企業の規模や状況によって違ってきますが、あまり時間をかけすぎないほうがいいというのが答えになるでしょう。

より具体的には、パーパスの作成期間は3カ月くらいがベストで、長くても半年といったところでしょう。それ以上の期間をかけても、あまりいいパーパスはできません。

そもそも、完璧なパーパスなどありません。

いくら時間をかけたところで完璧なものなどできないのならば、ある程度「えいや」で決めてしまい、あとはそのパーパスに自社の魂を入れることのほうが大事だと私は思っています。

仙北谷のパーパス作り

ここからは、チームでパーパスを作る方法について、ある会社の実際の事例をもとに解説していきたいと思います。

その会社とは、神奈川県横浜市戸塚区にある切削（せっさく）加工業者、仙北谷です。社員数は26名（当時）。１９５３年にプレス加工業者としてスタートした老舗企業です。

主な業務は受注単品加工、中量品、治工具（じこうぐ）の設計製作です。また、金属加工から仕上げ、検査まで、精密部品加工、治具製作などの事業も展開しています。同社の製品は宇宙事業にも使われているなど、高い金属加工技術を持つ会社です。

また、「『戸塚区ものづくり自慢展』inモノづくりグランプリ2021」での優勝や、「中小企業 新ものづくり・新サービス展」「テクニカルショウヨコハマ2023」などへの出展で、世間に匠の技を披露しています。私も現場で金属加工の技術を見せていただきましたが、金属を繊細に加工する技術力の高さに素人ながら感動を覚えました。

創業家の先代社長が急逝したことで、社員だった植田竜也氏が2019年に社長に就任しました。その直後にコロナ禍が発生し、売上が大きく減少します。そんな危機の中、植田社長はあえてパーパスの策定を決断します。社長就任時に社訓として「感謝・誠実・笑顔」を定めたのですが、「社員が夢を持って10年後を語れるように、働く意義が必要なのでは」と考えたからです。

そんなとき、日本経済新聞の企画で声がかかり、私がそのお手伝いをすることになりました。

パーパスとは「北極星」、そして「星座群」

まず、パーパスとは何かのレクチャーを行いました。そこで私がまず申し上げたのは、パーパスとはいわば「北極星」だということです。つまり、全員が目指すべき「道しるべ」こそがパーパスなのです。

もっとも私は、より大きな組織では、「星座群」とも言い添えています。なぜなら、北極星は絶対に動かない一点で、わかりやすい目印にはなりますが、画一的（かくいってき）な印象がぬぐえないからです。それよりも、北極星の周りで、それぞれの思いを持って輝く星座群のほうが、ワクワクしませんか。

みんなが同じ方向を目指しながら、思いを共有する仲間同士で、自分たちらしく輝き続けることが理想的な姿だと信じています。

前述したように、シリコンバレーでは「MTP（Massive Transformative Purpose）」という言葉がよく使われていますが、パーパスとほぼ同じ意味だと考えていいでしょう。グーグルなどが使っている「ムーンショット」という言葉もこれに近いです。「夢」という日本語に置き換えてもいいかもしれません。

手の届かないぐらい遠いところに志を掲げると、今の延長ではなく、非連続な努力をする必要が出てきます。そこからいわゆる「イノベーション」が生まれてきます。

だからこそ、パーパスはすぐに手の届きそうなものであってはならないのです。パーパス策定にあたっては、まず、そのことをチーム全員に周知する必要があります。

「ワクワク」「ならでは」「できる！」は両立しがたいが……

次に説明したのが、前述したパーパスの三つの共感要件です。すなわち、「ワクワク」「ならでは」「できる！」です。

パーパスとはまず、自分たちと顧客が「ワクワク」するものであり、自分たちにしかできない「ならでは」のものであり、当然ながら「できる！」ものでなくてはなりません。

しかし、これらを満たすのはそう簡単ではありません。なぜなら、これら三つは必ずしも整合性が取れるとは限らないからです。

例えば、ワクワクするような壮大な目標には、「できる！」という現実的な壁が立ちはだかります。

また、自社「ならでは」のものとは、今までやってきたことでもありますから、「ワクワクするような新しいこと」とは矛盾(むじゅん)する面があります。

しかし、私は整合性が取れていないことこそが大事だと考えています。だからこそ、既存の発想の延長線上にはないものが生まれる可能性があるからです。

制約を取り払い「白昼夢」を見よう

では、整合性の取りにくいこの「ワクワク」「ならでは」「できる！」から、パーパスをどのように見出していけばいいのか。

私がここでいつも行うのが、「デイドリームセッション」というワークショップです。デイドリームとは、つまり「白昼夢（はくちゅうむ）」です。あらゆる制約を取り払って、自分たちが自社を通して本当にやりたいこと・なりたい姿を考える場を作り、みんなが納得するまで議論することです。デイドリームというだけあって、参加者には夢のようなことをとことん話してもらいます。

そして、そこで出てきたキーワードをもとに、「ワクワク」「ならでは」「できる！」が感じられるパーパスを策定していく、というステップとなります。

しかし、この「あらゆる制約を取り払って、自分たちが自社を通して本当にやりたいこと・なりたい姿を考える」ことが、意外とできない人が多いのです。特に経験豊富なベテランほどアイデアが出てこなかったり、他人のアイデアに対して「これは前にもやったがうまくいかなかった」などと否定してしまったりしがちです。

そういう人に対して私は、「入社したときには、どういう思いだったのか、想像してみてください」と伝えます。

誰だって入社当時は大きな夢を描いていたもの。長年現実と向き合ってきた結果、記憶の奥底に隠れてしまっているかもしれませんが、それは確実に心のどこかに残っているはずです。それを「入社したときには、どういう思いだったのか」という質問で引き出すのです。

私はよく、企業には「よそ者・若者・バカ者」が必要だと述べています。社内の慣習に縛られないよそ者、夢を持った若者、常識外れなことを言うバカ者。この三者がいると社内は活性化されます。デイドリームセッションも、それは同様です。

こうした人たちに実際にチームに入ってもらうのがベストですが、そうした人がいない場合、自分たちの中にいる「よそ者・若者・バカ者」を呼び起こすことが大事です。

多様なチームでアイデアを出し合う

デイドリームセッションのメンバーはできるだけ多様なほうがいいでしょう。

仙北谷のケースでは、匠（シニア）と若手、それぞれ3人ずつのチームを作りました。匠チームは勤務歴の長い設計や製造、品質管理の社員たちです。そして若手チームには、現場の班長クラスや入社したばかりの女性なども参加しました。まさに「若者」「よそ者」に入ってもらったわけです。

ここでは、アイデアを出してもらうにあたり、より具体的に「顧客・顧客の顧客にとって」「社員にとって」「社会（コミュニティ）・地球（未来のこどもたち）にとって」の三つのテーマで、自分たちのありたい姿やなりたい未来をあげていってもらいました。「誰に何を提供するか」という視点があると、アイデアが具体化されやすくなるからです。

ホワイトボードにこの三つの枠（わく）を設け、思いついたキーワードをどんどん付箋（ふせん）に書き、そこに貼っていってもらいました（図表２－２参照）。

インスタにアップするつもりでアイデア出しを

その際、抽象的な言葉だけでなく、その具体的なシーンまで思い浮かべてもらいました。例えば「人の喜びを支援する」という言葉なら、具体的にどのように支援して、どう喜んでもらっているのか、そのシーンを描いてほしいということです。私はよく「インスタグラムにアップするようなつもりで」と説明しています。

また、「あらゆる制約を取り払って考える」ことが重要ですが、特にベテランにとってこれが難しいことは前述の通りです。

仙北谷でも当初、同様の傾向がありました。匠チームからはなかなかアイデアが出てこなかったのです。

一方、若手チームからはどんどんアイデアが出てきました。すると、それが一種の呼び水となって、匠チームが徐々に「俺たちの思いはもっと濃いものだ」と熱くなり、アイデアが出てくるという好循環が生まれました。やはり、ベテランの思いは胸の底に眠っているだけで、決してなくなったわけではないのです。

例えば、あるベテランからは、「この地域を『仙北谷城下町』と呼ばれるようにしたい」という意見が出てきました。まさにそのシーンが鮮明に浮かんできます。

さらには、最初は見守っていた社長も会議に飛び入り参加しました。こうして、匠の骨太さと若手のエンタメ性がうまく融合していきました。

デイドリームセッションに社長や事業責任者が入ったほうがいいかはケースバイケースですが、入ったとしてもアイデア出しのプロセスでは傍観するにとどめたほうがいいでしょう。トップが口出しするとどうしても、現場は萎縮するものだからです。まずは、社員一人ひとりの思いをアイデアとしてあげてもらったほうがいいで

図表2-2 仙北谷で行った「デイドリームセッション」(1)

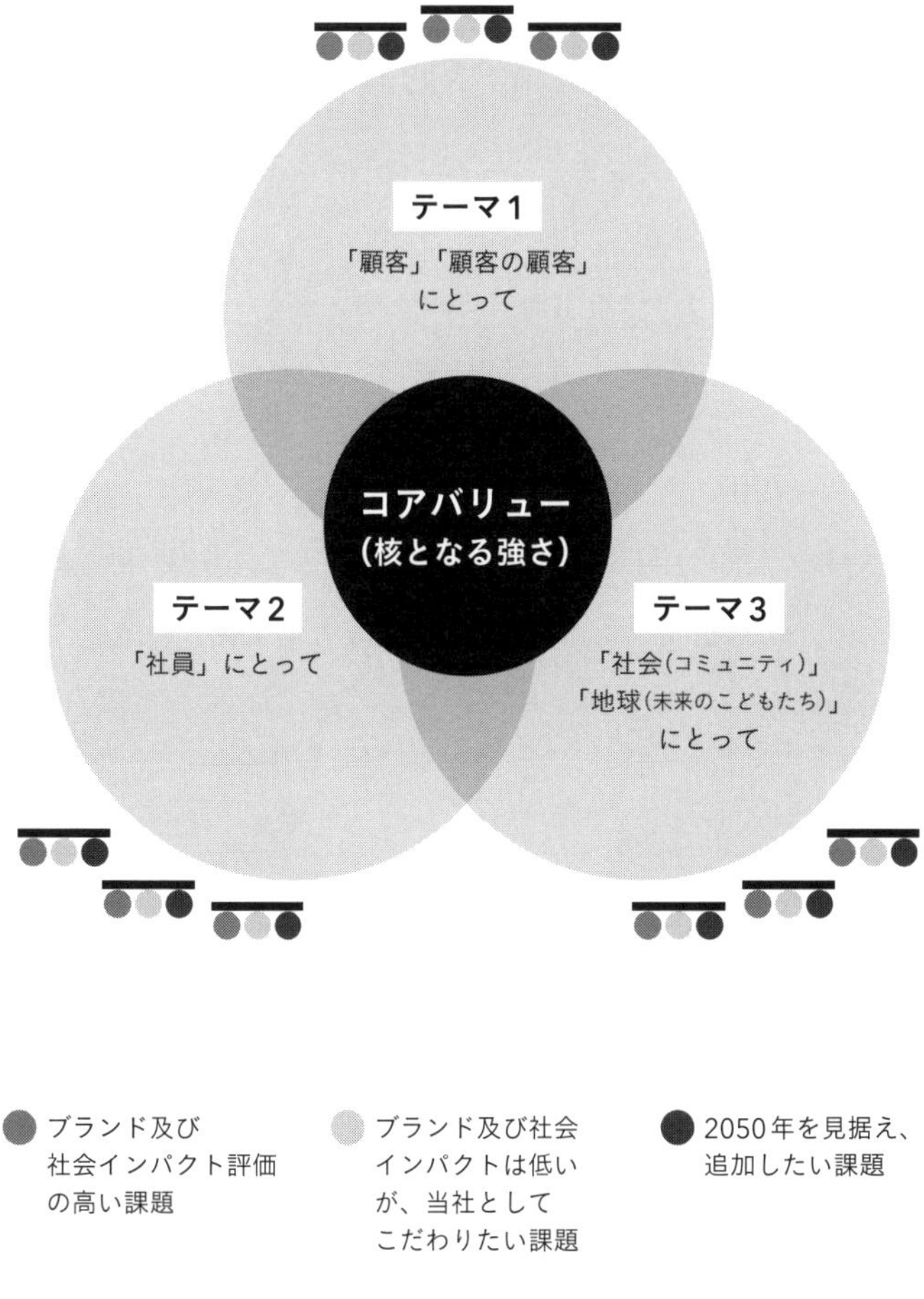

しょう。そして最後に社長が登場し、熱い思いを伝える。それが理想的な形だと思います。

「顧客に聞いてしまう」という手も

こうしてあげてもらったアイデアや具体的な場面を参照しながら、キーワードに落とし込んでいきます。仙北谷の場合、「圧倒的存在感」「製造業の相談役」「夢」「働きやすさ」などのキーワードが出てきました。

次に行うのは、三つの枠が交わる「自社の本質的な強み（コアバリュー）」を探っていくというプロセスです。それがパーパスの原型となります。

仙北谷の例では、「MAZIME（まじめ）」「宇宙品質」「宇宙技術」「下町技術」「職人芸」「ものづくりエンターテイナー」といったキーワードと強みが出てきました。中でも人工衛星向けの部品製造には多くの社員が誇りと将来性を感じており、「宇宙技術」「宇宙品質」という言葉は強い支持を受けました。

もし、自分たちの本質的な強みがなかなか出てこないとしたら、手っ取り早いのは顧客に聞くことです。

「なぜ、自社と取引をしてくれているのか」をストレートに聞いてみればいいでしょう。その答えにこそ、その会社のコアコンピタンスが凝縮されています。意外と自社の本当の強みを知らない会社は多いですし、自分たちが思っていた強みと顧客の評価がまったく違っていた、ということも多くあります。

また、社内にいる「よそ者」に聞いてみるのもいいでしょう。長く同じ会社に在籍していると、自社のことを客観的に見られなくなってしまうものです。一方、転職してきた人は自社のことを客観的に見ることができています。今の会社に染まり切る前に聞いてみることが大事です。

そうした活動の結果、仙北谷の場合、「顧客の要望に沿って工夫して、それを実装する力」が評価されていることがわかったということです。

「技術」か？「品質」か？言葉に徹底的にこだわる

そして、出てきたキーワードをもとに、文章に落とし込みます。

実はここで最後までもめたのが、「宇宙技術」という言葉を使うか、「宇宙品質」という言葉を使うか、ということでした。「技術という言葉では広すぎるのではないか」「品質という言葉だと誰かが設計したものを作っているだけのようだ」などと議論は白熱しました。

些細なことに思われるかもしれませんが、こうした議論は極めて重要です。自分たちの価値とは何かを言語化するための重要なプロセスだからです。

その結果として、以下の三つの案に絞られました。

図表2-3 仙北谷で行った「デイドリームセッション」(2)

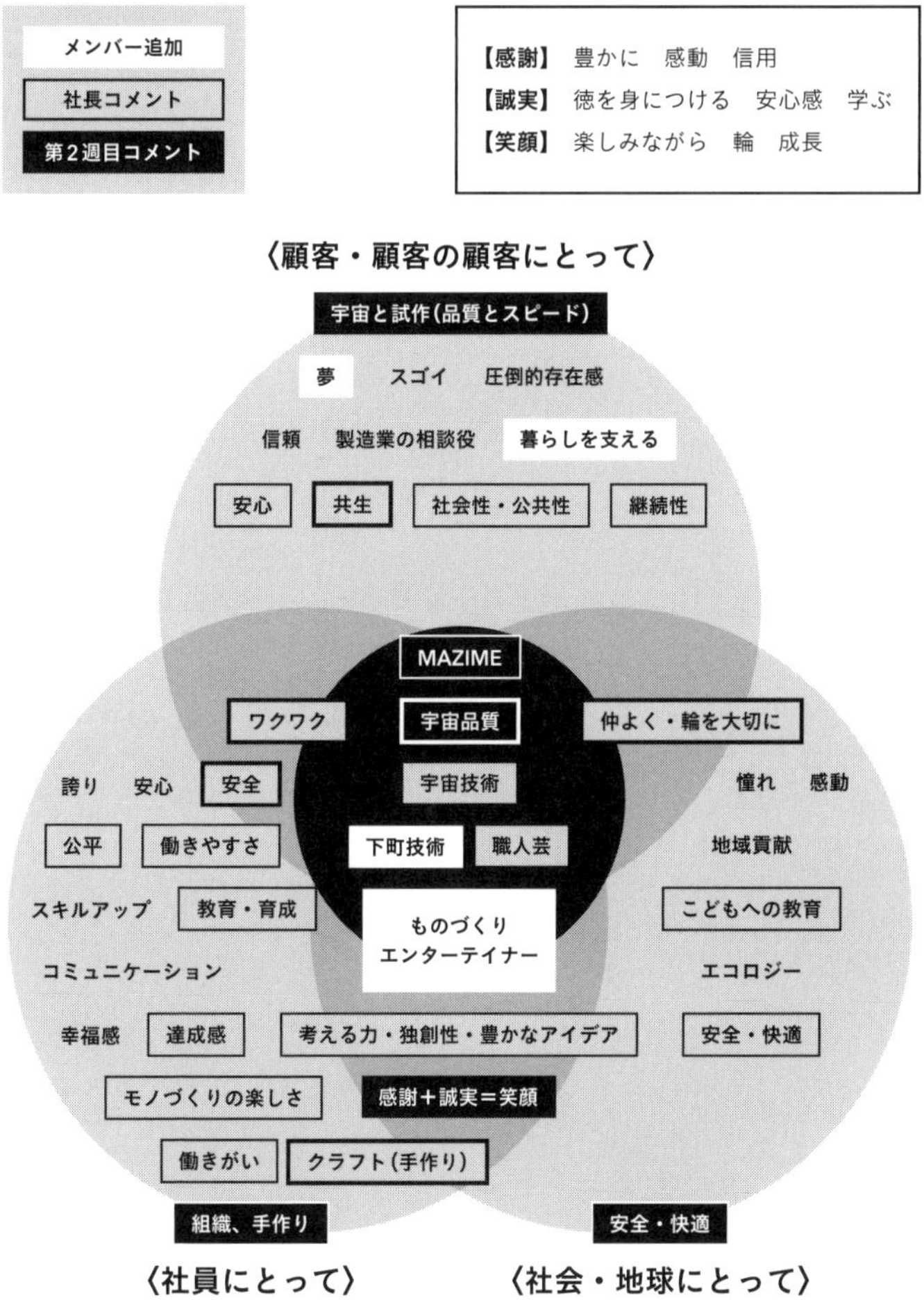

「宇宙品質でワクワクする未来を創（つく）る」
「宇宙品質で世界を支える」
「宇宙に羽ばたくメタルアーティスト集団」

若手がこだわった「エンターテイナーズ」

そして最終的にできあがったのが、

「宇宙技術でワクワクする未来へつなぐ
——品質に挑む　ものづくりエンターテイナーズ」

というパーパスです。

少々長いと思われるかもしれません。もちろん、短くてカッコいい言葉であるに越したことはありませんが、重要なのはそこに思いが込められているかどうかです。変に言葉を練る必要はありません。

このパーパスは、後半がいわばサブコピーになっているのですが、「エンターテイナーズ」という言葉をあげたのは若手グループでした。匠の技で人々をあっと驚かせることこそが自分たちの価値だということで、彼らが最後までこだわった言葉だったのです。

このパーパス策定までに要した時間は、わずか1カ月です。パーパス作りにはあまり時間をかけないほうがいいと私は常々言っていますが、それでも通常は3カ月から半年はかかります。私が関わってきた会社の中で最短記録でした。

大事なのは、「完璧なパーパスなど存在しない」ということです。議論を尽くしたら最後は「えいや」で決めるしかありません。

それでも、これほどの短時間でパーパス策定ができたのは、仙北谷の強みが元々明確であったからでしょう。今回、仙北谷のパーパス作りをお手伝いして、中小企業ほどパーパスを策定しやすいということを改めて実感しました。

B2B企業にとって「採用」は大問題

さて、パーパスを策定した結果、仙北谷はどうなったでしょうか。

もちろん、パーパスを策定したからといって、業績が急回復するわけではありません。しかし、目に見えた効果がありました。それは、採用です。

仙北谷のホームページではこのパーパスをトップに掲げています。それを見て共感した人が求人に応募し、新人の採用に成功したのです。

実はパーパス策定の意義の一つは、採用です。

特にB2B企業は一般の人への認知度がB2C企業に比べて低いため、若手の応募者が少ないという問題を常に抱えています。魅力的なパーパスが採用の決め手になることは非常に多くあります。

仙北谷の場合、若手社員がこだわった「エンターテイナーズ」という言葉も効いたと思われます。

「額縁パーパス」になってしまっては意味がない

こうしてできあがったパーパスですが、実際に大変なのはこれからです。社内にパーパスを浸透させるのには、かなりの時間がかかります。

私は大企業のパーパス経営のお手伝いもしていますが、世界中で事業を展開している会社となると、浸透までには3年も4年もかかったりすることもあります。

俗に「2・6・2の法則」などと呼ばれていますが、企業変革においては2割が推進派で2割が反対派、6割が様子見だと言われています。そして、推進派の2割がいかに6割の様子見を取り込めるかが、改革のカギになります。

仙北谷の場合、パーパス作りの時点ですでに26人中6人、加えて社長の計7人が参加していました。つまり、最初から2割以上の人を巻き込めていたわけです。

これも、私が中小企業こそパーパス経営が有利であると提唱する理由の一つです。

加えて、やはり、パーパスはなるべく多くの人を巻き込みながら作るほうがいいでしょう。

仙北谷では、朝礼などで社長がパーパス策定の進捗（しんちょく）を逐一（ちくいち）報告していたことにも、社員を巻き込む効果があったと思われます。「一部の人だけが何かやっているな」と思われないような施策が必要です。


一方、パーパスを作ったはいいがまったく浸透せず、ただのお飾りになってしまう企業も多くあります。私はそれを「額縁パーパス」と呼んでいます。本当に重要なのはパーパスの浸透です。いわば「パーパスに魂を入れる」ことです。

せっかく作ったパーパスを「額縁パーパス」にしないためにはどうしたらいいのか。それが、次章以降のテーマとなります。

第3章

パーパスを「自分事」にしていくために

パーパスは「浸透」こそがカギとなる

あなたの会社にもひょっとして、作ったはいいが誰からも顧みられないパーパスやミッション、ビジョン、社是といったものがあるのではないでしょうか。

私はそれを「額縁パーパス」と呼んでいます。頑張ってパーパスを作ったはいいが、そこで力尽きてしまう企業は意外と多いのです。

より重要なのは、パーパスをいかに浸透させるか。しかし、これがなかなか難しい。

2021年、あるパーパス経営のセミナー（DIAMONDハーバード・ビジネス・レビューマネジメントフォーラム）の際に、参加者へのアンケートを行ったことがあります。

「明確なパーパス（企業の存在意義）やパーパス・ステートメントが明文化されている

か」という質問に対して「はい」と答えた人が全体の約4分の3を占め、パーパスそのものは多くの会社に存在していることがわかりました。

一方、「パーパス経営を行う上で抱えている課題を教えてください」という問いに対しては、約40パーセントの人が「従業員への浸透が進まない」と答えており、回答率としてはこれが一番高かったのです。

多くの企業が「パーパスを作ったはいいが、浸透していない」という問題を抱えているということがよくわかる結果でした。

「額縁パーパス」を生み出す三つの要因

パーパスを掲げてもうまく実践できない企業の共通点は次の三つに集約できるでしょう。

1 「社会課題病」に陥っている
2 「中期計画病」に侵されている
3 「自前主義病」を抱えている

1の「社会課題病」は、今、日本企業の多くが陥っているものです。SDGsなどを参考に社会や地球の持続可能性という大きすぎる理想を掲げた結果、社員にとってはまったく現実味のないパーパスになってしまうということです。

2の「中期計画病」については、日本企業の多くが、3年から5年先のいわゆる「中期計画」をゴールとして経営を行っています。しかし、3〜5年という時間軸では、今の延長上でしか答えを求めることができません。そのためパーパスが、よく言えば現実的、悪く言えば夢のないものになってしまうのです。

そうではなく、パーパスを策定するにあたっては、30年先、50年先の自社の未来を見据える必要があります。

「そんな先のことなどわからない」と言う人もいるかもしれませんが、コロナ禍を見てもわかるように、そもそも3年後、5年後の未来すら正しく読むことが不可能な時代です。むしろ、30年、50年先を見据えた大きな流れを見るほうが、未来をより正確に予測できるとすら言えるのです。

最後に、3の「自前主義病」です。

日本企業はそもそも、何でも自社内だけで解決しようとしすぎです。パーパスを策定するにあたっても、「自前でできること」にどうしても発想が限られてしまいます。そして、その視点で作られたパーパスもまた、夢のないものになってしまいがちなのです。

今、自社にできないことも、その能力を持った他社と組んだり、それができる人を取り込んだりすることで、可能になるはずです。

経済学者のヨーゼフ・シュンペーターは、イノベーションの基本は「新結合」にあると言いました。私の言葉で言えば「異結合」ですが、企業は異質な外部資産を活用できるかが今後の勝負のカギになります。

パーパスを策定することは、そのための有効なツールとなります。他社が組みたくなるようなパーパスを掲げることで、他社との共創がやりやすくなるからです。

パーパスは、言葉だけでは伝わらない

前述のアンケートでは「パーパス経営の実践によって、どのような企業価値が生まれると思われますか？」という質問も行いました。これに対して最も回答率が高かったのは「ブランド価値、レピュテーション（評判）向上」であり、次点が「従業員体験価値（EX、ES）向上」でした。

これはまさにその通りで、パーパスが浸透すれば、「顧客」「従業員」双方に対して大きな効果が期待できます。

顧客に支持されるからこそ売上が伸び、従業員の満足につながります。また、従業員がパーパスによって働きがいを得ることで、提供する製品やサービスの価値が上が

り、顧客にさらに喜んでもらえます。

実は、この点は極めて重要です。

昨今はコーポレートコミュニケーションという言葉のもと、どのようなメッセージを発信するかにばかり注力する企業が多くあります。それについて否定はしませんが、いくら口でいいことを言ったところで、その会社の提供するモノやサービスの価値が低ければ何もなりません。

製品やサービスを通じてパーパスを伝えること。これこそがパーパス経営の一丁目一番地であるということを、再度認識しておいてほしいと思います。

トップの努力だけではパーパスの浸透は不可能

話をパーパスの浸透に戻しましょう。

ここで、ある興味深い研究結果をご紹介します。ハーバード・ビジネススクールのジョージ・セラフェイム教授による、ROAとパーパスの関係についての研究です。ROAとはReturn On Assetの頭文字を取ったもので、「総資産利益率」などと訳されています。投下された資本に対してどのくらいの利益が得られたかを示す指標で、企業の収益性の高さだと考えてもらえばいいでしょう。

セラフェイム教授の研究によれば、企業のミドル層がパーパスを繰り返し口にすればするほど、ROA、つまり企業の収益性は高くなるというのです。

一方、トップ層に関しては、パーパスとROAにはほとんど相関がありませんでした。つまり、トップがいくらパーパスを連呼しても、収益性向上にはつながらないということです。

この結果には驚きました。アメリカのようなトップダウンの国ならば、トップの熱意さえあればパーパスが浸透し、経営結果にも表れると考えていたからです。

やはり、面従腹背（めんじゅうふくはい）はどの国にもあるものです。いわんや日本では、この傾向はもっと顕著（けんちょ）ではないでしょうか。

トップが毎日のようにパーパスを連呼するのを、社員はさめた目で見ている、という企業の話も聞きます。そんな「パーパスおじさん」「パーパスおばさん」だけでは企業は変わらない、ということです。

そう、日本でもアメリカでも、パーパス浸透のカギを握るのはミドル層だということです。私がこれまで何度も「カギを握るのはミドル層だ」と言ってきたのは、このためです。

なぜ、トップではなく、ミドル層が改革のカギを握るのか？

ではなぜ、ミドル層がパーパスを繰り返し口にすれば収益性が上がるのに、トップだと上がらないのでしょうか。

トップと現場との間には相当な距離があります。そのため、トップの言葉はなかなか現場に浸透しません。また、現場の言葉はトップに届きにくいのが現実です。

だからこそ、その中間に立つミドルがトップの声を自分の言葉としてメンバーに伝え、そしてまたメンバーの声を吸い上げることで、全社的な意思疎通が可能になるということです。


これはまさに、一橋大学名誉教授の野中郁次郎氏が提唱する「ミドル・アップダウン」そのものです。

野中氏と竹内弘高氏（現国際基督教大学理事長）は、共著『知識創造企業』（東洋経済新報社、1996年）の中で、個人間、組織間の相互作用によって暗黙知から形式知を生み出す、日本企業独自の知識創造のプロセスを明らかにしています。そこに出てくるのがこの「ミドル・アップダウン」という概念です。

組織の中間層が主体となって企業を動かしていくというこの仕組みは、日本企業の強みとして紹介されたのですが、今まさにそれが見直されていると言っていいでしょう。

「志」が一番低いのはミドル層

しかし残念なことに、そのミドル層が「パーパス＝志」が最も低いという、残念な現実があります。

図表3－1を見てください。20代で盛り上がったのちに、30代から40代半ばで大きく落ち込み、50代に入ると再び上昇する、いわゆる「M字カーブ」です。

これを見て、かつての女性の年齢別の就業率を思い出す人も多いのではないでしょうか。

働き始めた女性が結婚・出産のために離職し、子育てが一段落ついた後に復職するため、ちょうどM字のようになります。昨今では企業の出産・育児制度が整ってきたこともあり、このM字はかなり解消されつつあります。

しかし、図表3－1は女性の就業率を示すものではありません。「パーパス＝志の活性度」を年齢別に示したものです。

誰でも、入社直後は大きな志を持っています。しかし、そんな熱意も日々の仕事や数字に追われるうちに徐々に冷めていきます。そして生活も忙しくなってきた30歳から45歳くらいになると、どん底にまで落ちてしまいます。

ただ、その時期を過ぎて幹部層になっていくと、またパーパスの重要性に気づきます。そして、若いころの思いがよみがえってきて、急に志を熱く語り始めるのです。

しかし、幹部層は現場と距離が離れているため、彼らが熱く語れば語るほど、「パーパスおじさん」「パーパスおばさん」などと陰口を叩かれてしまいます。

あるいは、定年間際になって「会社に何かを残したい」という思いが強まる人もいるでしょう。しかし、そんな人の思いも、「あの人はあと数年で定年だし」「時代錯誤だ」などと片づけられてしまっているかもしれません。

こうした状況は、多くの企業で繰り広げられているのではないでしょうか。極めて残念な話です。

図表3-1 **パーパス浸透のカギを握るミドル層が最も志が低い**

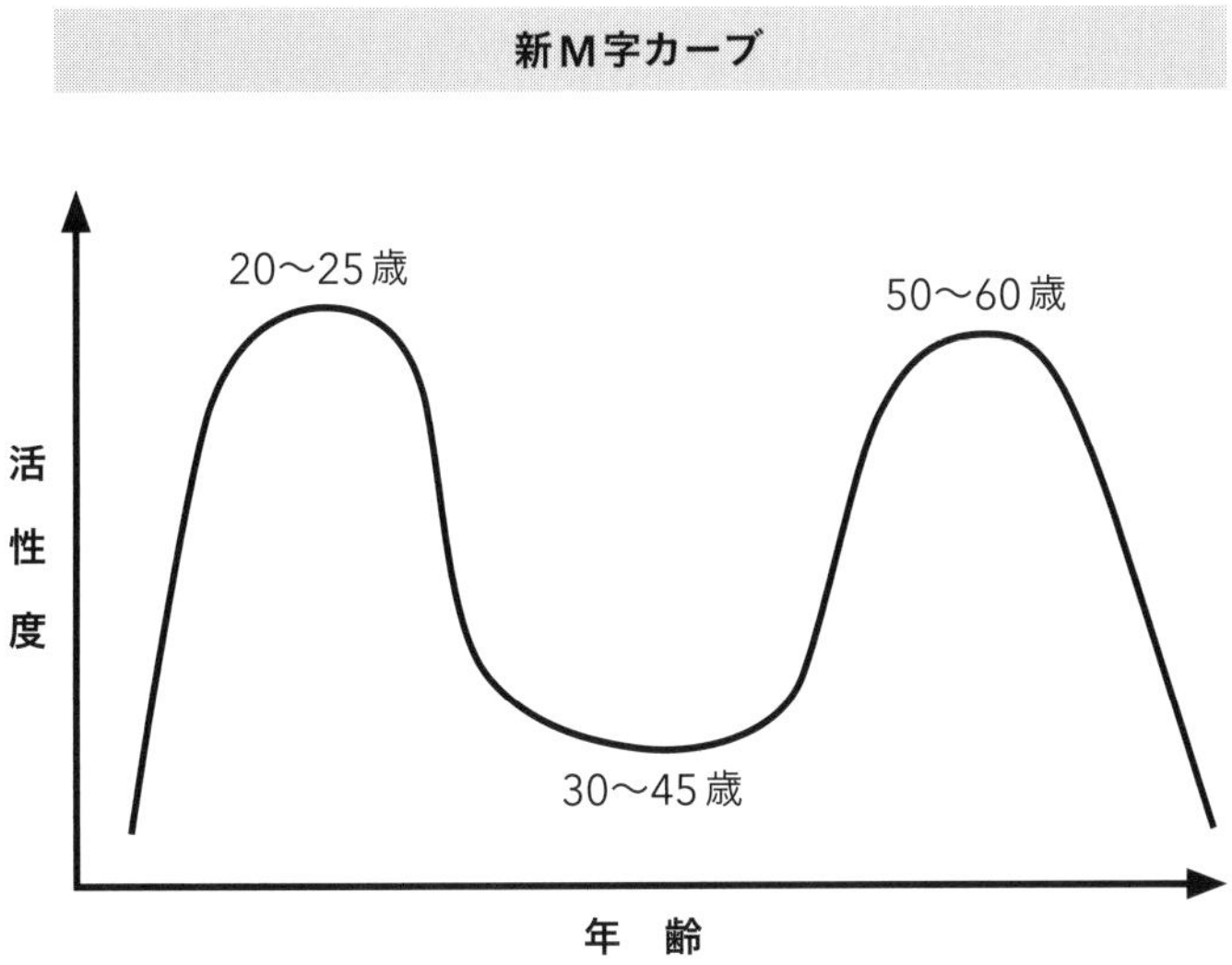

ミドル・クライシスは世界的な傾向

これは単なる印象論ではなく、多くの企業のデータを持つリクルートの調査結果からも、こうした傾向が見て取れるそうです。しかも、その傾向はこの10年変わっていないということです。

また、海外の知人に聞いてみると、欧米でも同様の傾向があるそうです。つまり「志を失ってしまったミドル」は、国も世代も超えた問題なのです。

「最もパーパスが浸透しているのは入社試験を受ける学生だ」という冗談がありま す。会社のホームページでパーパスを調べ、「御社の姿勢に共感しました！」などと熱く語っているときがピークだということで、案外、真実かもしれません。

そして、入社試験で熱く志望動機を語る学生を見ながら、「俺にもこういう時代があったなぁ」と遠い目をするミドル層……。そんな残念な情景が目に浮かびます。

このM字カーブを解消すれば、何が起こるでしょうか。

30歳から45歳というのは、仕事において最も脂の乗った時期です。その世代が強い志を持つことができれば、まさに鬼に金棒です。生産性も創造性も急上昇することは間違いありません。

では、志を失ったミドルを復活させるには、どうすればいいのでしょうか。カギとなるのは、「パーパスの自分事化」です。

御社は「ゆるブラック企業」になっていませんか？

ところで、「ゆるブラック企業」という言葉をご存じでしょうか。２０２１年に『日経ビジネス』で特集が組まれたので（11月15日号）、読まれた方も多いかもしれません。

「仕事は楽だし居心地もいい。しかし、スキルはまったく身につかない。そんな企業で働き続けた結果、気がついたら自分の転職価値がまったくなくなっていた……」
そんな企業を「ゆるブラック企業」と呼ぶそうです。昨今の働き方改革の結果、こうした企業が増えているということです。

これについては私も、以前から警鐘を鳴らしていました。仕事がきつくてスキルも身につかないのは完全なるブラック企業ですが、働きやすくても力がつかない企業もまた、一種のブラック企業なのです。

社会人になったばかりの時期というのは、一番成長できる時期です。かといって、力はついても超ハードワークという働き方は、今の時代にはそぐいません。現代の「ホワイト企業」は、「働きやすく、力もつく企業」でなくてはならないのです。

「ワーク・ライフ・バランス」は時代遅れ

そのために必要な発想の転換があります。「ワーク・ライフ・バランス」から「ワーク・イン・ライフ」へのシフトです。

図表３－２をご覧ください。これはワークとライフ、つまり仕事と生活との関係を示したものです。

昭和の時代はまさに、仕事が人生の中心でした。誰もがプライベートなど顧みず、会社人間として生きることが求められました。ライフは仕事の中にほんの少しだけ存在する、というイメージです。

私が社会人になって最初に勤めた企業である三菱商事も、まさにそうでした。生活の中心はすべて仕事。しかし、当時は他社も含めてそれが普通であり、私自身も強く疑問に思うことはありませんでした。

平成になると、「ワーク・ライフ・バランス」という、ワークとライフを同等に扱おうという考え方が現れました。仕事は仕事、生活は生活ときっちり切り分け、どんなに忙しくても定時に帰り、プライベートには仕事を一切持ち込まない。

この考え方は昭和的な「仕事中心の人生」から抜け出すためには意味があったと思います。しかし、私にはどうも「もったいない」と思えてしまうのです。

仮に1日8時間働くとすると、それは1日の3分の1に当たります。そんな長い時間を「食べていくために我慢して働く」のは、とてももったいないのではないでしょうか。

そもそも、仕事と生活とは完全に二律背反（にりつはいはん）となるものなのでしょうか。仕事の中で自分が本当にやりたいことができれば、それは人生の一部となります。当然、仕事にも志高く取り組むことができます。

このように、ライフの中にワークを入れるというのが、「ワーク・イン・ライフ」という発想であり、令和の時代にはこれこそが求められています。

図表3-2 **ワーク・ライフ・バランスから**
ワーク・イン・ライフへ

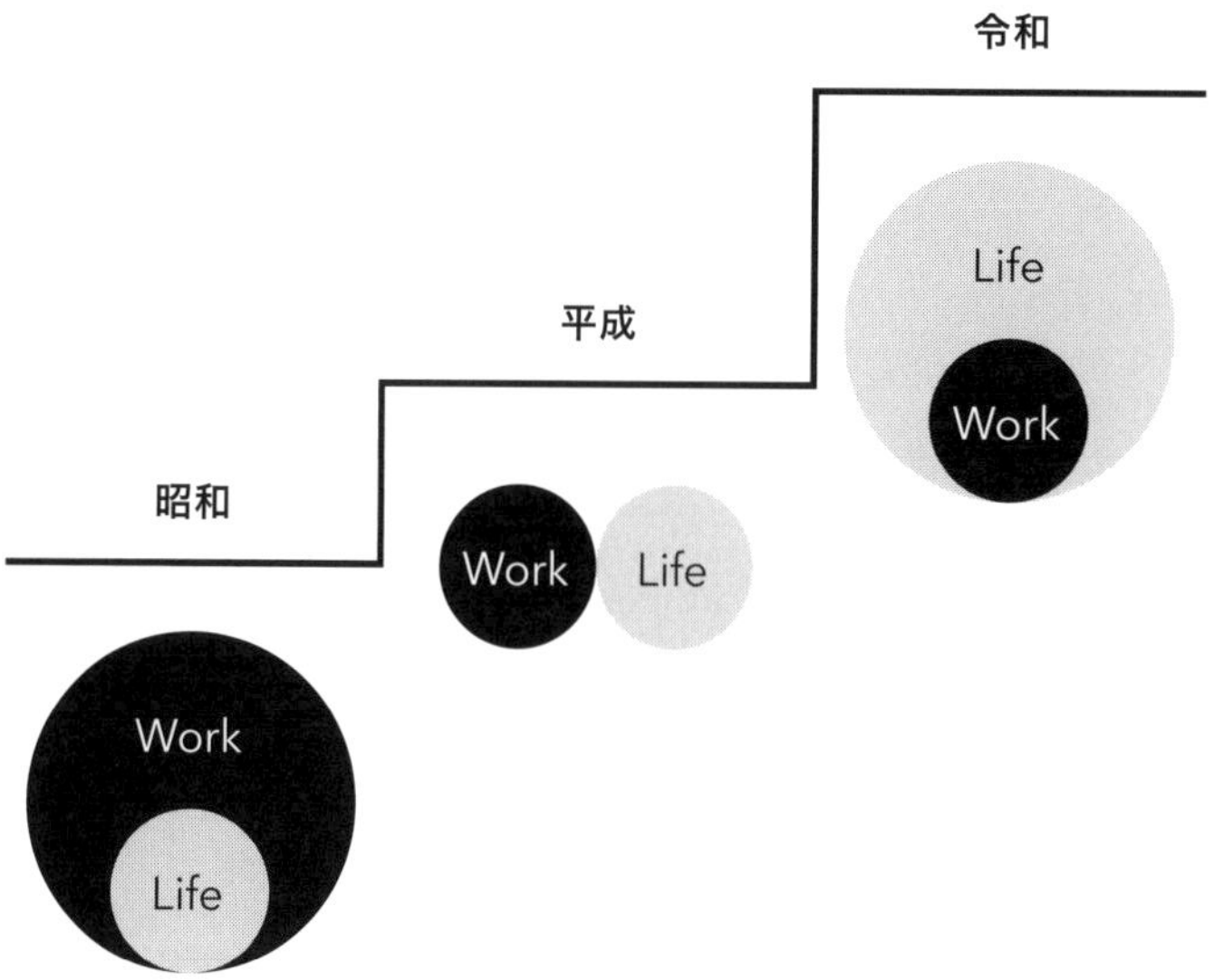

仕事の満足度を高めるのは「動機づけ要因」

ワーク・ライフ・バランスなどという掛け声自体、ワークとライフが切り離されている20世紀的な考え方です。「自分の労働力をお金に変える」という意味で、19世紀のマルクス主義的な発想から抜け出せていないとすら言えます。

アメリカの臨床心理学者フレデリック・ハーズバーグ氏は、仕事の満足度を上げるには「動機づけ要因」が必要になると言っています。やりがいのある仕事をこなし、達成感を得ることで、初めて本当の幸福を感じられるということです。

社員が高いレベルで幸福感を得るためには、会社は社員が成長する環境を提供することです。そのためには、仕事と人生を切り分けるのではなく、その重なりを意識することが重要なのです。

「人生の一番良い時期を過ごす『会社での日常』を自らの力で『おもしろおかしい』ものにして、健全で実り多い人生にして欲しいという前向きな願いが込められています」

第1章で紹介した堀場製作所のホームページにある言葉です。まさに「ワーク・イン・ライフ」を具現化した言葉と言えるでしょう。

日本企業がハードワークを否定して、ゆるブラック企業化してしまえば、かつてのゆとり教育の失態を繰り返すだけです。

人生と仕事を「円」で表してみよう

「ワーク・イン・ライフ」の重要性に気づいてもらうために、私はよく研修で、自分

のワークとライフを円で表現してもらうというエクササイズをやってもらいます。

ワークとライフで同じくらいの大きさの円を描く人が多いのですが、中にはワークのほうが圧倒的に大きい人や、逆にライフのほうが大きい人などさまざまです。

次に、その二つの円がどのように重なるかを描いてもらいます。ここは迷う人が多いのですが、あくまで感覚で描いてもらえればOKです。例えば自分の仕事が自分のやりたいことに直結していれば、その重なりは大きくなります。

一方、円が完全に離れている人もいます。これはまさにワーク・ライフ・バランス、つまりワークとライフが完全に分離した「平成型」と言えるでしょう。

一方、仕事ばかりでそれ以外の時間がまったく取れていない、という人もいるかもしれません。仕事の中に人生が取り込まれてしまっている「昭和型」です。

私はこの二つはどちらも問題だと考えています。私がよく言っているのは、**ワークとライフの重なり方は3割から7割ぐらいがいい**ということです。

このエクササイズを受けたある人は、自分のワークとライフの円が完全に重なっていたことで、自分が完全に会社人間であることの恐ろしさに気づき、ワーク一辺倒(いっぺんとう)な人生を改めたそうです。そして、いろいろなことに関心を持つようになったのですが、実はそれが仕事にも好影響を与え、後に会社の研究所の所長に出世しました。

「仕事は所詮、仕事」そんな人を動かすには？

ワーク・イン・ライフ実現のカギを握るのも、「自分事化」です。会社の仕事と自分のやりたいことを重ねていくことで、仕事を人生の一部に取り込むのです。

一つ、エピソードをご紹介しましょう。

ある企業でワークショップを行った際、「仕事は仕事と割り切っている」という人がいました。

その人の趣味はギターで、一刻も早く家に帰りギターを弾くことが何よりも大事だということでした。「なぜギターを弾きたいのですか？」と聞くと、「自分の演奏を聴いてもらうことで、多くの人に勇気や共感を与えたい」という返答でした。

そこで、「今の仕事で人々に勇気や共感を与えることも可能なのでは？」と言うと、「そういうことか」と納得してくれたのです。

あくまで一例ではありますが、これが「自分事化」です。


一見、仕事と結びつかないことでも、その本質を抽象化してみることで、仕事と結びつけられる可能性が出てきます。

「プラモデルが趣味」という人は、一つのことに集中し、道を究めるということに喜びを見出しているのかもしれません。ならば、今の仕事でも「ある分野のプロ」になることを目指すことで、ワークとライフの重なりを増やすことができるかもしれません。


このワークは、あなた自身はもちろん、あなたのチームメンバーにもぜひやってみてもらってください。その結果、やる気がないとみなしていたメンバーのやる気を再び引き出すことも可能になるかもしれません。

図表3-3 「ワーク・イン・ライフ」実現のための「自分事化」の例

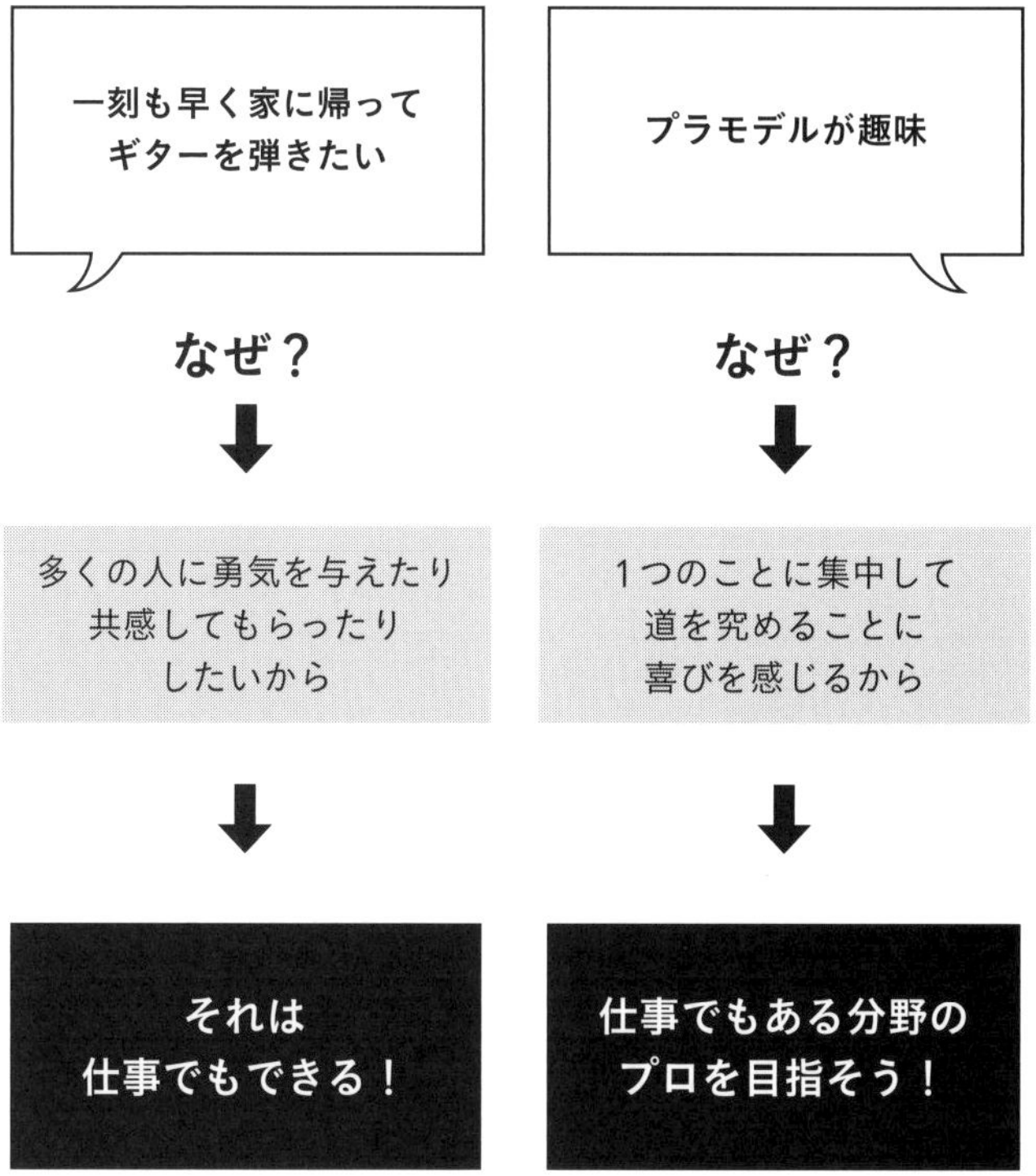

「パーパスの自分事化」でミドルの危機を脱する

同様に、ぜひやってみてもらいたいのが「パーパスの自分事化」です。

会社で決定されたパーパスはどうしても抽象的なものになりがちです。いくら工夫を重ねた言葉でも、すべての人が「自分事」としてとらえることは不可能でしょう。これは、大企業になればなるほど顕著になります。

そこで、会社のパーパスの円と、自分が仕事や人生で重要と考えていることとの円を重ねられないか、考えてみてもらいたいのです。

そこに重なりを見出すことができれば、会社のパーパスが自分にとってのパーパスになっていきます。そうすれば「やらされ感」もなくなりますし、前向きに仕事に取り組むこともできるはずです。

「やる気を失っているミドル」の問題の本質には、「自分たちは何のために仕事をしているのか」がわからなくなっているという現状があります。「パーパスの自分事化」で、ぜひ、自分や周囲の「ミドル・クライシス」を突破していただきたいと思います。

第4章

会社のパーパスを自部門に落とし込む方法

会社のパーパスを具体的な自部門のパーパスへと落とし込む

前章ではパーパスを「自分事化」することの重要性について述べました。

中でも企業の浮沈を握るミドル層にどうパーパスを意識してもらい、志を取り戻してもらうかについて、自分自身のパーパスと会社のパーパスとの共通点を探り、「自分事化」してもらう方法を述べました。

本章では、それに加えて重要な、会社のパーパスを自部門に落とし込むという活動についてご説明したいと思います。いわばパーパスの「自部門化」です。

仙北谷くらいの規模の会社では、パーパスは非常に具体的かつ手触り感のあるものになります。しかし、社員数が増えれば増えるほど、どうしてもパーパスの抽象度が上がってしまいます。ソニーのようなさまざまな事業を手がける大企業となれば、なおさらです。

例えばあるメーカーが「自社製品で地球の空気をきれいにする」というパーパスを打ち立てたとしましょう。これを自部門の仕事の指針として活かすには、抽象度が高すぎます。

その場合に有効なのは、部門ごとにワークショップを開いてもらうことで、自分たちにとってよりイメージしやすい、より具体的なパーパスにブレイクダウンしていくことです。例えば、「A製品を通じて無駄を削減することで、有害な廃棄物を減らす」「顧客に商品を売る販売部隊から、顧客のエコを実現するための支援部隊に変わる」といったことです。

「パーパスの自分事化」と同様、部門ごとの仕事や目標と会社のパーパスを重ね合わせていく、というイメージです。

自分の仕事を「駅伝」にたとえた物流担当の社員

この活動は、実際に日々顧客と接する営業部門や、商品を開発・製造する部門の人などにとっては、比較的やりやすいでしょう。

難しいのは間接部門、例えば総務や経理・財務といった仕事の人たちです。「自社製品で地球環境を改善する」と言われても、自分たちの日々の仕事となかなか結びつかないのが現実だからです。

ここで重要となるのは、会社をワンチームとしてとらえ、自分たちはその一端を担っているという意識を持ってもらうことです。

その成功例として私がよくお話しさせていただくのが、味の素川崎工場での取り組みです。

味の素がパーパスとして掲げるのは「食と健康の課題解決（Eat Well, Live Well.）」です。私は味の素のパーパス浸透のお手伝いをしており、後述するようにこのパーパスから非常に優れた取り組みがいくつも生まれているのですが、やはり間接部門になればなるほど、その浸透は容易ではないと感じます。

工場内の物流を担う部隊でパーパスについてのワークショップを行った際のことです。最初のうちは、なかなか会社のパーパスと自部門の仕事とを結びつけることができませんでした。

それも無理からぬことで、この部門が担当していたのは工場内での原材料の運搬作業でした。つまり、商品そのものを運ぶわけでもなければ、顧客の顔を直接見ることもない仕事なのです。

話がなかなか進まない中、30代くらいの初級マネジャークラスの社員が立ち上がり、こう言いました。

「我々は『いのちのもと』（アミノ酸）をA地点からB地点へ運んでいる。我々が運ばないと最終的にお客さんのもとに届かない。これは駅伝のようなもので、我々はその重要な1区間を任されている。そう考えればとても重要な仕事ではないか」

この発言を機に空気が変わりました。会社というワンチームの中で自部門がどんな役割を果たしているかを、「駅伝」という言葉で見事に言語化してくれたからです。

このように内部の人が自分の言葉でパーパスを自部門化することができれば、その浸透は一気に進むことになります。

部下との対話で意識したい「三つの視点」

この「パーパス浸透ワークショップ」については、自分たちのコアバリュー（核となる強さ）をまず軸に置き、「顧客・顧客の顧客にとって」「社員にとって」「社会（コミュニティ）・地球（未来のこどもたち）にとって」という三つのテーマに沿って考えていくのがポイントです。

第2章で「デイドリームセッション」というワークショップをご紹介しましたが、進め方としてはそれと同じです。三つのテーマに沿って導き出されたパーパスを、再び現場にブレイクダウンするプロセスと言えるかもしれません。ここでも、あらゆる制約を取り払って「きれいごと」を言わせることが重要です。

このフェイズでは、味の素の例のように、若手や中堅マネジャー層くらいが重要な働きをすることが多くあります。

シニアはそれを否定せず、もし話がそれそうになったら、「それってパーパスと関係あるんだっけ」「自社のコアバリューを活かせるかな」というように気づかせることが重要な役割と言えます。

パーパス作成の際と同様、幅広い年代の人たちが一緒になって話し合うことが、何よりも重要です。

「パーパスワンオンワン」でチームにパーパスを浸透させる

この「パーパス浸透ワークショップ」の他にも、実際には多くの企業が独自の方法によって、パーパス浸透を図っています。ここからは、そんなパーパス浸透のためのユニークな施策の事例を紹介していきましょう。

まずご紹介するのは、「パーパスワンオンワン」です。

ワンオンワンとは上司と部下との間で週1回から月1回程度のスパンで定期的に行われるミーティングのことを指し、ここ数年、多くの企業で採用されている制度です。ワンオンワンでは、通常、業務内容についての対話が行われますが、その内容をパーパスに特化したものがパーパスワンオンワンです。ワンオンワンを実践する企業は増えていますが、パーパスのみのワンオンワンを行っている企業となると珍しいでしょう。

パーパスワンオンワンでは、上司はメンバーとの対話の中で、その人の「MYパーパス」を引き出していきます。

パーパスワンオンワンは、まさに、第3章でご紹介したパーパスを自分事化するプロセスと同じです。会社のパーパスと自分のパーパスの重なる部分を見出していくのですが、それを上司のサポートのもとに行うというのがポイントと言えるでしょう。

もちろん、MYパーパスと会社全体のパーパス、あるいは現実の仕事とを結びつけるのは容易なことではありません。それぞれの現場では、パーパスよりも今月の売上という目の前の数字に集中しがちです。

だからこそ、中間層である職場の長の役割が重要なのです。現場のリーダーが、いかに会社・組織とMYパーパスをつなげていけるのかがカギとなります。やはりここでも、カギを握るのは現場だということが言えそうです。

「GROWモデル」で思いを引き出す

さて、パーパスワンオンワンを実践するには、上司のトレーニングが何より重要となります。一方的に話す上司もダメだし、一方的に話を聞く上司もダメ。上司には適切な質問を挟みながら相手の話を聞く技術が求められます。いわば「コーチ」の役割です。

ここでご紹介したいのが、コーチングの「GROWモデル」です。相手の思いを引き出し、その実現へのサポートを行うにあたって、極めて重要な考え方です。

【GROWモデル】

G：Goal（実現したいこと）

R：Reality（現実的か）
O：Options（選択肢を考える）
W：Will（意志の確認）

まず、相手のG（Goal）、つまり「あなたが実現したいこと」を聞きます。これはパーパスと同じだと考えていいでしょう。

そして次にR（Reality）を確認します。その実現したいことがあまりに現実離れした夢物語になっていないかのチェックを行うのです。

そのうえで、O（Options）を確認します。ゴールを達成するための道は単線的なものとは限らず、他に選択肢がないかを考えてもらいます。

そして最後にW（Will）を確認します。「じゃあ、どうするの？」と相手の背中を押すのです。私はよく「善意の水を浴びせる」という言い方をします。

グーグルで「上司が意思決定しない」理由とは？

このＧＲＯＷモデルはグーグルでも使われていることでよく知られています。

少々余談になりますが、今のグーグルでマネジャーになれるのは現場で実績を上げた人ではなく、こうしたテクニックを用いてコーチ役を果たせる人だそうです。

というのも、生き馬の目を抜くＩＴ業界では、最前線で活躍していた人も５年も経てば時代についていけなくなってしまいます。そんな人がマネジャーとして意思決定すると、大きな間違いをしかねません。むしろマネジャーは、最前線の人をコーチとして支えてもらうほうがいい、という発想なのです。

日本でもゲーム業界のようなクリエイティブな世界では、グーグルのような発想が広がっています。ただ、多くの企業ではまだ、過去に成功してきた経験がある人が、その経験に基づいて現在の意思決定をすべき、と考えています。5年、10年と業界を取り巻く環境が変わっていないような変化に乏しい業界ならそれも可能かもしれませんが、そのような業界はいまや数えるほどしかないでしょう。

おそらく今後はどんな業界でも、上司の役割は意思決定から環境作りになっていくと思われます。

「一人ひとりのやる気」と「チームとしての一体感」を生む施策

社員一人ひとりにMYパーパスを持ってもらい、それをチームと共有する取り組みとして、ロート製薬の例を紹介しましょう。

ロート製薬は、2019年、ロートグループ総合経営ビジョン2030として「Connect for Well-being」を掲げました。そして、「全員参画型のWell-being経営」の実装を目指すために、社員は毎年、「キャリアビジョンシート」を更新しています。

キャリアビジョンシートは、これまでのキャリアとこれからの方向性を記入するものです。そうすることで、社会課題や周囲からの期待、役割を意識し、自分自身のパーパスに向き合うことになるのです。

では、そのパーパスへと向かうために、何を学んで、どう成長すればいいのか。これについては、会社は画一的な対応をしません。成長機会を阻害せず、個人の意思をできる限り尊重しながら、自律性を重視するのが、ロート製薬の人財育成です。

同社が自律性を重視していることを象徴する取り組みとして、２００３年から定期的に実施されている「ＡＲＫ（アーク）プロジェクト」があります。ＡＲＫとは、「明日（Ａ）のロート（Ｒ）を考える（Ｋ）」の略。部門や世代を超えた有志の社員が集まって、その時々の経営課題について考え、経営層に提案を行います。

このＡＲＫプロジェクトの提案をきっかけに、例えば、２０１６年から社外での副業と社内での兼業が仕組み化されました。前者を「社外チャレンジワーク」、後者を「社内ダブルジョブ」と呼んでいます。日本では最も早い試みです。

山田邦雄会長は、その決断に踏み切った思いを、次のように語っています（『日経ビジネス』２０２３年2月13日号）。

「社員は、いろんな仕事をするほど経験値が増えます。失敗もするだろうけど、成功もする。その中で成長するし、自分のやりたいことをやっていけば意欲も増す。それが大事だけど、会社というものが用意できる経験の場はどうしても限られます。副業や兼業を認めていったのも、その方が会社にとってもいいからと判断したからです」

最近（２０２３年6月）までＣＨＲＯを務め、現在は同社の戦略アドバイザーの高倉千春氏は、社外チャレンジワークは「なんでもやってみようという実験力をつける」と言います。

社員が自律的にキャリアを形成することで、パーパスに向けて会社も社員もともに進化するのです。

しかし、社員が思い思いにチャレンジするだけだと、遠心力だけが高まってしまいます。そこで、個々の社員の思いをパーパスという同じ方向に「つなぐ」ための仕組みも整えられています。「つなぐ」（Connect）は同社のキーワードです。

ARKプロジェクトも部門を超えた社員が集まって議論・提案をする場になっていますし、社内ダブルジョブについても、「一見関連性がない業務でも、互いの部門で得た知識や経験を活かす過程で、一人ひとりの仕事の価値が高まる相乗効果が期待できる」と、高倉氏は話します。

「One Team ロート」という組織横断型の取り組みも、社内のいたるところで進められています。スキンケアのトップブランドとなった「肌（はだ）ラボ」の開発も、その成果の一つです。入社1年目で商品企画担当となった村本由理氏が思いついた「成分コスメ」という新ジャンルの可能性に、研究開発やマーケティング&コミュニケーションのチームが一体となって取り組んだことで、わずか半年で発売にまで至りました。若手の新鮮な発想と各部門の深い知見が、見事に「つながった」のです。

第5章

社員が自ら挑戦したくなる「パーパス浸透のコツ」とは？

パーパス浸透には「アワード」が効く

第4章ではパーパスをチームに浸透させる施策として、「パーパスワンオンワン」や「キャリアビジョンシート」などの取り組みを紹介しました。

第5章でも、各社のユニークなパーパスの浸透策を紹介したいと思います。

まずは、「アワード（賞）」を作るというものです。

パーパスに沿った活動を行った組織や個人を表彰することで、受賞した社員の承認欲求を満たしつつ、「どのような活動がパーパスに合致（がっち）しているのか」を社員全員が共有することができるという、一石二鳥の優れた手法です。

味の素は、2016年に、「ASVアワード」をスタートさせました。

第４章でも少し述べましたが、味の素は「食と健康の課題解決」というパーパスを掲げています。そして、それを実現するために、ＡＳＶ（Ajinomoto Group Creating Shared Value）という経営モデルを基本方針にしています。

その一環として行われているのが「ＡＳＶアワード」で、社会的な価値と経済的な価値を両立させる取り組みを表彰するものです。単に「社会にとっていいことをする」だけでなく、それがどのように経済的な価値に結びついているかを問うのがポイントです。つまり、「論語と算盤」です。

国家も巻き込んだベトナムでの取り組み

味の素は世界中に支社を持つグローバルカンパニーであり、評価の対象となるのは日本のみならず、全世界で働く味の素の社員たちです。

そんな国際色豊かな同社を象徴するように、第１回の２０１６年度に大賞を受賞したのは、ベトナムにおける栄養改善の取り組みでした。

経済発展著しいベトナムですが、今でも栄養不足が大きな社会問題になっています。その原因の一つは、栄養に関する知識の不足にあります。栄養のバランスが整っていなければ、いくら食べても栄養不足になったり、肥満になってしまったりしますが、そのことが広く知られていないのです。

そこで、正しい栄養学の知識を広めるべく、味の素はベトナム政府に働きかけて栄養士育成のインフラ支援を始めました。それが、２０１１年にスタートした「ベトナム栄養関連制度創設プロジェクト（ＶＩＮＥＰ）」です。

このプロジェクトでは、味の素イノベーション研究所と現地法人のベトナム味の素社、ベトナム国立栄養研究所やベトナム政府関連機関と連携して、「栄養士養成制度」や「栄養士地位認定制度」などを創設しました。加えて、ベトナム味の素社とともに現地に奨学金制度を創設するなど、味の素グループの総力をあげた活動を展開しました。栄養士育成のインフラ支援によって、正しい栄養学の知識をベトナム全体に普及しようという取り組みです。

また、2012年には「学校給食プロジェクト」を立ち上げ、小学校の給食をサポートし、その品質を改善させるという取り組みも始めました。

実は、ベトナムには学校給食法がありませんでした。日本のように栄養バランスについてのガイドラインもなかったので、小学校の給食はそれぞれの学校の教員や調理スタッフが独自の基準で作っていました。そのため、都市部のこどもには肥満が増加し、農村部のこどもは栄養不足になるなど、さまざまな課題を抱えていたのです。

このプロジェクトによってベトナム政府は給食の重要性を見直すこととなり、2017年1月には、全国に3880ある調理施設がある小学校に、ベトナム味の素社が開発した献立ソフトが導入されました。

メディアでもこのプロジェクトは紹介され、2017年にはベトナムの国会で幼稚園にも給食を展開することが決定。これらの活動はベトナム人に大いに喜ばれることとなりました。

このプロジェクトはまさに、社会的な価値と経済的な価値を両立させた活動です。栄養士の育成や給食制度の改革で社会への貢献をする一方、この活動を通して味の素の知名度やブランドが栄養士や児童の間で広がり、味の素ファンが増え、味の素製品を購入してくれるという直接的なメリットも生まれるからです。

応募のハードルは高くしすぎないほうがいい

このベトナムの例は国家まで巻き込んだスケールの大きなものでしたが、日本国内での取り組みも決して負けてはいません。一例をあげれば、やはり2016年度に入賞を果たした「ラブベジ」というプロジェクトがあります。

「ラブベジ」とは、「ラブ（愛）」と「ベジタブル（野菜）」を組み合わせた造語です。スローガンに「野菜をもっととろうよ！」を掲げて、厚生労働省が推奨する「野菜の摂取目標1日350グラム以上」の実践を目指し、野菜を使ったおいしいレシピや献立をスーパーなどの店頭や地域のコミュニティ、メディアなどで紹介するプロジェクトです。

この活動が生まれたのは味の素の名古屋支社。日本で一番野菜の摂取量が少ないのは東海エリアだと言われています。その東海エリアでの野菜摂取量を増やすべく、行政、生産者、流通、飲食店、大学、マスコミ、NPOなどと連携し、野菜を豊富に摂れるメニュー提案などを行ったのが、この「ラブベジ」という活動の始まりです。

この活動も、野菜の摂取量を増やすことで健康を増進するという社会的な意義とともに、野菜とともに材料に使う自社製品の売上増にもつながります。社会的な価値と経済的な価値を両立させた活動です。

アワードが「お祭り」に

私も審査員としてASVアワードに携わっているのですが、正直、この第1回のアワードで入賞した取り組みはどれも極めてレベルが高く、「できすぎ」という感じですらありました。これでは誰もが気軽に参加しようと思えなくなってしまう恐れがあります。

そこで、第2回以降は間接部門などの人も応募できるように、もう少し応募のハードルを下げることにしました。

これが功を奏し、翌年は前年以上に応募が殺到しました。エントリー資料を読むだけでも大変で、審査員は嬉しい悲鳴を上げることになったのです。

面白いのは、応募数に「お国柄」が出るということです。中でもブラジルは、その明るい国民性ゆえか、毎回ものすごい数のエントリーがあります。どうもブラジルの味の素社員にとっては、このアワードへの応募が毎年のお祭りのようなものになっているようです。

世界規模で社員を巻き込んだASVアワードにより、「どのような活動がパーパスに即しているのか」が社員に浸透するとともに、「自分たちもやってみよう」と行動を促す。これこそが「アワード」の力です。

「賞を取ったら終わり」にしてはいけない

こうしたアワードで気をつけたいのが、一過性の取り組みにしてはならないということです。「受賞したらそれで終わり」では意味がありません。

味の素も当然、そこは意識しています。事例を単に知るだけでなく、自分の職場でも同様の取り組みを実行し、モニタリングして改善して、さらに対話によって理解や納得を深め、また新しい成功事例を生み出し、共有するというサイクルを回すことを重視しているのです。

このサイクルを回すことで、パーパスの「自分事化」がどんどん進んでいくとともに、企業価値も高まっていくことになります。

例えば前述の「ラブベジ」の活動は、東海エリアのみならず日本中に広まっていきました。現在では3月1日を「ラブベジ」の日とし、活動をさらに加速させていきます。

ちなみに、「ラブベジ」は厚生労働省・スポーツ庁が国民の健康作りのサポートとして行っている「スマート・ライフ・プロジェクト」でも、2021年に第10回「健康寿命をのばそう！アワード」の「生活習慣病予防分野」において、厚生労働大臣最優秀賞を受賞しています。

パーパス実現のカギは「プリンシプル」

続いて、花王の例をご紹介しましょう。

第1章でもお伝えしましたが、花王のパーパスは「Kirei Lifestyle」を実現するというものです。「Kirei Lifestyle」を「こころ豊かに暮らすこと」と定義し、そのための革新と創造に挑み続けることを自社のパーパスとして宣言しています。

最近、花王の澤田道隆会長と対談した際、非常に印象深い話を聞きました。澤田氏によれば、「Kirei Lifestyle」に沿った製品はいろいろと出てきているとはいえ、いきなりすべての製品がパーパスに沿ったものになるわけではありません。そこで重要になるのが「プリンシプル」の存在だ、というのです。

プリンシプルとは、いわば「行動原則」です。

花王の行動原則の基本となる価値観は、創業者が遺した「正道を歩む」という言葉に集約されています。プリンシプルがあってこそパーパス経営が実現できるという澤田氏の言葉に、私は深く納得しました。

花王が２０１９年に発表した「Kirei Lifestyle Plan」では、「正道を歩む」というプリンシプルのもとに、「実効性のあるコーポレートガバナンス」「徹底した透明性」「人権の尊重」「受容性と多様性のある職場」「社員の健康増進と安全」「人財開発」「責任ある化学物質管理」という七つのアクションが示されています。

そして、これらのアクションを実行するために、さらに三つの決意を示していま す。

①これまでのあり方を抜本的に変える
②廃棄まで責任を持つ
③ＥＳＧ本質研究によって社会にインパクトを与える

こうしてパーパスを行動原則にまで落とし込むことで、社員はどのように動けばいいのかがわかるというのです。

パーパスは、目指したい遠い理想です。しかし、それはあまりに高い目標であるがゆえに、ともすれば何をすべきなのかわからなくなってしまい、自分事化、組織事化されていないケースがよくあります。かたや、理想の達成のためには手段を選ばなくてもいい、という発想にもなりかねません。そうならないために必要なのが、プリンシプルです。

逆に、プリンシプルだけでは、社員の行動が小さくまとまりがちです。「正道を歩む」という言葉だけだと、ともすると「危ないことはやらない」「今まで通りにやればいい」というコンサバティブな発想になってしまう危険性があります。

パーパスとプリンシプルがあってこそ、保守的な殻を打ち破り、挑戦しつつも、フェアウェイを歩むことができるのです。

花王は、2020年4月に、世界に先駆けてアメリカで、「MyKirei by KAO」のシャンプー、コンディショナー、ハンドウォッシュの3品目を発売しました。これらの商品は、花王の技術を駆使し、プラスチックの使用量が少ない容器を採用するなど、花王ならではの環境や社会に配慮した商品です。日本、ヨーロッパ、またアジアでも、今後順次展開していく予定とのことです。

これも、プリンシプルがあるからこそ実現できた、花王のパーパスを象徴する商品の一例と言えるでしょう。

花王が導入する「ＯＫＲ」とは

花王の優れたパーパス浸透策として、「ＯＫＲ」という仕組みの導入もあげられます。

ＯＫＲとはアメリカのインテルで開発された目標設定・管理手法の一つで、「Objectives and Key Results」（目標と主要な結果）の頭文字を取ったものです。シリコンバレーをはじめとした西海岸の多くの企業で用いられていますが、日本ではなかなか浸透していません。

しかし、このＯＫＲはパーパス浸透と極めて相性がいい仕組みです。

ＯＫＲのＯ（Objectives＝目標）は、パーパスとほぼ一緒だと考えていいでしょう。ＫＲとは、パーパスを実現するための具体的かつ定量的な指標である「主要な結果」

図表5-1「OKR」はパーパスの浸透と相性がいい

Objectives：

目標　≒　パーパス

Key Results：

主要な結果＝

パーパスを実現するための、具体的かつ定量的な指標。100％達成できるものではなく、6〜7割達成できるくらいにストレッチをかける。そのためには、業績評価と連動させないことがポイント。自分で決めた目標であることも重要。

（Key Results）を自ら設定し、その進捗を管理していくというものととらえられます。

例えば、「すべての顧客を笑顔にしたい」というパーパスを掲げるだけでは、具体的に何をやっていいのか見えてきません。そこで、「顧客満足度を倍増させる」「お客さまからの感謝の言葉を１０００通いただく」などと、定量的な指標に落とし込んでいくわけです。

難しいのは、Key Results の設定です。

ＯＫＲでは三つくらいの Key Results を設定することが望ましいとされているのですが、ユニークなのは「Key Results は１００パーセント達成されてしまってはダメ」とされており、６～７割の達成度が最もいいとされるところです。

その理由は、１００パーセント達成できるようなゴールは最初から実現可能であることがわかっている、ストレッチがかかっていないゴールにすぎないとされているからです。そうではなく、より高い目標を実現するために、あえてストレッチのかかったゴールを設定し、それを目指して取り組むことが重要だというのが、ＯＫＲの発想です。

だからこそ、常に100パーセント達成できるゴール設定は低すぎ、達成度は6〜7割がちょうどいい、ということになるのです。

日本に「OKR」が根づかない根本的な原因

しかし、これこそが日本にOKRが浸透しない理由でもあるでしょう。

律儀（りちぎ）な日本人は「6〜7割でいいといっても、やっぱり目標はきっちり達成すべきではないか」と考えがちですし、会社も会社で「6〜7割でいい」と言いながら、結局100パーセントの達成を求めたりします。

その根底には、戦後の日本が目の前の目標を律儀にコツコツと達成し続けることで成長を続けてきたという成功体験があるように思います。

しかし、そうした成長モデルは高度経済成長の終焉とともに通用しなくなり、一方、アメリカや中国は、とてつもなく高い目標を掲げ、それに挑戦することで成長してきました。
パーパスというはるか遠くにある北極星や星座群には、現実的なゴールの積み重ねではいつまでたってもたどり着きません。その意味で、ＯＫＲはパーパス経営と極めて親和性の高い手法と言えるのです。

もう一つ重要なのは、これが「自分で決めた目標」であることです。だからこそ、目標が達成できないと悔しく、次こそ達成してやろうと思います。

花王の方はこれについて、「前向きに倒れる」というユニークな表現をしていました。こうした姿勢があるからこそ、いずれ目標にたどり着くことができるのです。ＯＫＲはその手助けをしてくれる極めて優れたツールだと言えます。

結局「押しつけ」ではパーパスは浸透しない

花王のＯＫＲの取り組みは、日本企業には珍しく、とてもうまくいっています。そのポイントは、「ＯＫＲと業績評価とを連動させない」ことにあるようです。

ＯＫＲと業績を連動させると、どうしても恣意が入ってしまいます。

例えば、ＯＫＲでは６〜７割の達成率がいいとされていますが、評価のことが頭をよぎると、ついつい、達成できそうな目標を掲げてしまいます。律儀な性格と相俟って、はじめからできないとわかっている目標を掲げることを躊躇してしまうのです。

澤田氏との対談の際、花王のＯＫＲについて次のように話してくれました。

「二つの点からＯＫＲをとらえています。一つはチャレンジングな目標のためにＯＫＲを導入するということ。例えば目標達成が７割でもかまいません。もう一つはＯＫＲの『Ｏ』の『目的』は、自分の立ち位置から一歩引いてみると見えてくるということです。例えば、花王グループ全体の立ち位置から自分たちの仕事を見ると、どう広げるのかが見えてきます」

本章でご紹介したアワードもＯＫＲも、どちらも社員の自主性を引き出す施策です。パーパスは押しつけでは決して浸透しません。社員が自主的にパーパス実現を目指して動きたくなるような施策を、ぜひ取り入れていただきたいと思います。

第6章

「変わることが楽しい」。そんなリーダーになるために

世界的に話題となった「賢慮のリーダー」

本書ではこれまで、どのようにパーパスを作り、浸透させていくかについて述べてきました。

まず、あらゆる制約を取り払い、ありたい姿を描きます。そして、誰もが「ワクワク」して、その会社「ならでは」のもので、誰もが「できる！」と確信が持てるパーパスを導き出していく。それが目指したい「北極星」、そして「星座群」となります。

さらに、パーパスを浸透させるのも重要な仕事です。

せっかく立派なパーパスを打ち立てても、社員がそれを「他人事」だと思っていたら、会社は変わりません。それをいかに「自分事」だと思ってもらうか。そこで重要な役割を果たすのが、現場のミドルリーダーだということを述べてきました。

では、このような実践を行うにあたって、リーダー自身はどのような能力を身につけるべきなのでしょうか。

ここで、いきなり結論めいたことを申し上げてしまいます。それは「賢慮のリーダー」です。

これは２０１１年に『ハーバード・ビジネス・レビュー』に掲載された、野中郁次郎氏と竹内弘高氏の共同論文のタイトルに使われた言葉で、発表当時、大いに話題となりました。両氏はこの論文を元に英語で書籍を上梓（じょうし）し、日本語にも翻訳されています（『ワイズカンパニー』邦訳、東洋経済新報社、２０２０年）。

野中氏と竹内氏によると、「賢慮のリーダー」には六つの能力が求められるとされています。それらの能力は、志本主義時代のリーダーに求められる資質を非常に的確に表しています。

具体的には、

- 「善」を判断できる
- 本質を把握できる
- 場をつくる
- 本質を伝える
- 政治力を行使する
- 実践知を育（はぐく）む

の六つです。

「賢慮のリーダー」の六つの能力

「『善』を判断できる」とは、何が会社と社会にとっての善かを考えたうえで意思決定をする能力です。「賢慮のリーダー」ではそうした人物像を「哲学者」と表現しています。あらゆる企業に社会貢献の意識が求められる今、極めて重要な資質です。

「本質を把握できる」とは、状況や問題の本質を素早くつかみ、人、物、出来事の性質や意味を直感的に理解できる能力を指します。「職人」にたとえられています。

パーパス策定の場面においては、さまざまなアイデアや意見が出てきます。ソニーの平井氏が社員との対話の中から「KANDO」という本質を探り出したように、そこからパーパスを引き出すには、本質は何かをとらえる能力が必須です。

「場をつくる」とは、経営幹部や社員が相互交流を通じて新たな意味を構築できるよう、フォーマル及びインフォーマルな場（共有された文脈）を絶えず創出する能力を指します。いわば「理想主義者」です。

パーパスの策定及び浸透に際して、「場」がどれだけ重要かは何度も述べた通りです。この場を作り、巧みに運営する能力が求められるということです。

そしてその際には、「伝える」能力が不可欠となります。「本質を伝える」とは、メタファー（隠喩(いんゆ)）やストーリーを使って、自らが実際に経験したことの本質を伝え、個人やグループにとっての暗黙知に転換する能力を指します。いわば「小説家」です。

「政治力を行使する」とは、相反する目標を持った人たちを束(たば)ね、行動を促す能力です。

そして最後の「実践知を育む」とは、徒弟制(とていせい)やメンタリングを通じて、他者（特に現場社員）の実践知を促す能力であり、いわば「教師」です。

大事なのは「順番」

ここで大事なのは「順番」です。

図表6-1「賢慮のリーダー」の６つの能力

「善」を判断できる	何が会社と社会にとっての善かを考えたうえで、意思決定する	▶ 哲学者
本質を把握できる	状況や問題の本質を素早くつかみ、人、物、出来事の性質や意味を直感的に理解できる	▶ 職人
場をつくる	経営幹部や社員が相互交流を通じて新たな意味を構築できるよう、フォーマル及びインフォーマルな場（共有された文脈）を絶えず創出する	▶ 理想主義者
本質を伝える	メタファー（隠喩）やストーリーを使って、自らが実際に経験したことの本質を伝え、個人やグループにとっての暗黙知に転換する	▶ 小説家
政治力を行使する	政治力を行使して、相反する目標を持った人たちを束ね、行動を促す	▶ 政治家
実践知を育む	徒弟制やメンタリングを通じて、他社（特に現場社員）の実践知の養成を促す	▶ 教師

出典：「賢慮のリーダー」（野中郁次郎・竹内弘高、『DIAMONDハーバード・ビジネス・レビュー』2011年9月号より）

まず、「何が善であるか」を判断します。つまり、「何が会社と社会にとっての善かを考えたうえで、意思決定する」ということです。そして、現状を把握して、そのためには何をすべきかの本質を把握します。

その後、場を作ってそれを伝えます。単に会議で伝えるだけではなく、必要ならばインフォーマルな会合や飲み会を開いたりして、社内に浸透させていきます。

それでも、話を聞いているふりをして行動に起こさない、面従腹背の人もいるでしょう。政治力という言葉はあまりいい意味で使われないのですが、あらゆる手を使ってそういう人も巻き込んでいく必要もあります。

そして、一番重要なのが、実践知を育むことです。実践し、その実践から学びます。リーダーは自ら範(はん)を示し、チームの支援をしていきます。

これは、私がこれまでご説明してきた、パーパスを会社に根づかせるプロセスとほぼ同じだとお気づきでしょう。

目指すべき方向性を示し、場を作ってそれを共有し、浸透させていく。これは仙北谷の例などでもお伝えしてきたことです。

さらに、それが実践知となるような仕組みを作り上げます。これもまた、味の素などの事例でお伝えしてきました。味の素のＡＳＶアワードのように、やって終わりにはならないような取り組みも重要です。

見直されつつある日本人リーダーたち

「賢慮のリーダー」では、それを体現する人物として、本田技研工業創業者の本田宗一郎氏や、もう少し時代が下った柳井正氏といった、日本の名経営者たちがあげられています。

日本人の書いた論文だから当然と思われるかもしれませんが、そうではありません。

本論文が受け入れられているということは、日本型経営が再び見直されていることの何よりの証左です。

この論文が出た２０１１年は、まさに資本主義の曲がり角ともいうべき時期でした。２００８年のリーマン・ショックを経て、単に利益を追求し、株主の要求に応えるだけの資本主義の限界が叫ばれるようになっていたころです。

資本主義の権化とも言える競争戦略の大家マイケル・ポーター教授がＣＳＶを主張したのは、ちょうどこの論文が載った数カ月前の、同じ『ハーバード・ビジネス・レビュー』でした。

そう考えたときに、志本主義時代のリーダー像は、こうした日本人リーダーの姿にこそ範を求めるべきだということが改めてわかります。

以下、その視点から「名経営者のリーダーシップ」を振り返っていきたいと思います。

松下幸之助は時代を先取りしていた

まず取り上げたいのが、パナソニックグループ創業者・松下幸之助氏です。一代で世界的大企業を築き上げ、「経営の神様」とまで言われた人物です。その著書『道をひらく』（ＰＨＰ研究所、１９６８年）は現在でも売れ続けており、５６０万部超のベストセラーとなっています。

実は、私は松下氏には特別な思い入れがあります。私の父である名和太郎は朝日新聞社の編集委員を経て評論家になったのですが、父が松下氏の評伝を執筆する際、私もその制作の手伝いをしたのです。大学1年生、18歳のときでした。若いころに松下氏の著書や伝記に数多く触れたことは、その後、私が自分なりの経営論を作り上げていく大きな助けとなりました。

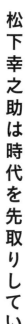

松下氏の残した経営論には、現代の経営を予言しているようなものが多いことに驚かされます。例えば、「力強さは使命感を持つところから生まれる」という言葉があります。本書で述べてきた「志」の重要性をひと言で表している、私の大好きな言葉です。

「知識なり才能なりは必ずしも最高でなくてもいい、しかし熱意だけは最高でなくてはならない」という松下氏の言葉は、知識や才能以上にパッションや熱意という「志」が、物事を成し遂げるために大切であることを表しています。

また、現代の経営は立体的になっていると言われます。単に利益を出せばいいわけではなく、多面的な軸で経営を考えねばならない。「何が善か」を判断しなくてはならないし、経営には「美意識」が必要だということも言われています。

そのことを松下氏は、「経営とは、総合的な生きた芸術である。白紙の上に平面的に価値を創造するだけではない。立体というか四方八方に広がる芸術である。となれば、経営者はまさに総合芸術家。したがって単なる金儲け、単なる虚栄のための経営であってはならない」と表現しています。

近年、「バックキャスティング」という手法が注目されています。これは未来のあるべき姿から逆算して現在を考えるというもので、私が提唱している「すべての制約を取り払い、ありたい姿を描く」という手法（デイドリームセッション）は、まさにバックキャスティングに他なりません。

この点に関しても、松下氏は「経営者は、いつも将来というものが頭にないといけない。5年後、10年後にどうなるか、どうすべきか。そのうえで、今どうしたらいいのかを考える」という趣旨のことを言っています。将来から現在を考えるのが、経営者としての発想だということです。

ぜひ、古くて新しい松下氏の考え方に触れてほしいと思います。

カリスマ性よりも等身大であることが大事

ただ、ひょっとするとこう考える人もいるかもしれません。

「ミドルリーダーである私が経営トップに学んでも、意味があるのだろうか」

これに対して私は、明確に「ある」と答えます。

パーパス経営においては、トップだけではなくミドルもパーパスを自分事としてとらえ、それを伝える必要があるからです。つまり、経営者と同じ視点を持たねばならないのです。

さらに言えば、近年のリーダーにはカリスマ性よりも、等身大でありながら、みんなを正しい方向に導く資質こそが求められています。これを「オーセンティックリーダー」と呼びます。いわば、「本物感があるリーダー」のことです。

アメリカでも今や、トップの強烈なカリスマ性で組織を引っ張る企業は少なくなっています。あえて言えばイーロン・マスク氏があげられますが、彼の独断で牽引されているテスラやX（旧ツイッター）は決して理想的な企業とは思われていません。アップルやマイクロソフトなど、スタートアップのころは強烈なカリスマ性があるトップが引っ張ってきた組織でも、今はオーセンティックなリーダーに代わりつつあります。

ソニーを再生させた平井一夫氏もオーセンティックなリーダーです。

第1章で述べたように、平井氏は「ＫＡＮＤＯ」というパーパスでソニーをまとめ上げたのですが、そのリーダーシップは、自らがすべてを先導して社員を引っ張っていくというものではありませんでした。

むしろ、平井氏が重視したのは、自信を失った社員たちの心に再び火をつけることでした。これを平井氏は「情熱のマグマを解き放つ」と表現しています。それを愚直にやり通してきたことが、ソニー再生の一番の要因であるということです。

その詳細は『ソニー再生――変革を成し遂げた「異端のリーダーシップ」』に書かれているので、ぜひ、お読みいただきたいと思います。

パーパスは不変のものではない

ソニーのパーパスでもう一つ特筆すべきは、平井氏の「ＫＡＮＤＯ」というパーパスを、後を継いだ吉田憲一郎氏がさらに進化させていったことです。

吉田氏は「ソニーのＫＡＮＤＯはどうも一般的に言うところの感動とは違うらしい」と考え、社内のさまざまな人との対話を繰り返しました。そして、その結果として「ＫＡＮＤＯ」という結果を生む手段として、「クリエイティビティ」や「テクノロジー」、そしてフィールドとしての「世界」という言葉をパーパスに盛り込んだと伺っています。

要するに、ソニーの「ＫＡＮＤＯ」とは平井氏や吉田氏が勝手に決めたものではなく、また、ずっと不変なものでもなく、社員と議論を重ねながら進化させていったということです。だからこそ多くの社員の間にパーパスが根づくのであり、これまたオーセンティックなリーダーこそがパーパス経営に重要だという証左と言えるかもしれません。

共通点が多い「稲盛と永守」

最後に紹介したいのは、京セラ創業者の稲盛和夫氏と、ニデック創業者の永守重信氏の二人です。

稲盛氏は京セラと第二電電（現KDDI）を立ち上げ、そしてJALを再生させた、まさに昭和・平成を代表する経営者です。

また、その経営哲学や人生哲学は日本だけにとどまらず、海外でも広く知れ渡っています。世界中で出版された書籍は、2023年3月末に累計発行部数が2500万部を突破しました。中でも中国での反響が大きく、稲盛氏の思想は中国の多くの経営者たちの心をとらえています。アリババグループの創業者のジャック・マー氏や、HUAWEIのCEO・任正非（レンジエンフェイ）氏なども稲盛氏の経営哲学に心酔していると言われます。中国の経営者にとって、松下幸之助氏同様に尊敬されている日本人です。

かたや、永守氏は1973年に創業した日本電産（現ニデック）を2兆円企業に成長させ、さらには10兆円企業を目指している、過去50年間で最も成長した日本企業のトップです。何よりすごいのは、国内外で70社にものぼるM&Aをすべて成功させたことです。瀕死状態の企業を人員整理せずに再生させる手法は「永守マジック」と呼ばれています。

哲学的な発言が多い稲盛氏に対し、永守氏の発言はいわゆる「永守節」と呼ばれ、「一番以外はビリ」「死ぬ気でやれ」といった強烈なものが多いことから、二人の経営観はまったく違うと思われている節があります。しかし、実はこの二人の経営観には多くの共通点があります。

京都の名経営者二人の「成功の方程式」

一つ、わかりやすい例をあげれば、二人とも成功をよく似た「方程式」で表しているということです。

稲盛氏の成功方程式は、「人生・仕事の結果＝考え方×熱意×能力」です。かたや、永守氏の成功方程式は、「社員の評価値＝基本的なものの考え方＋仕事などに対する熱意＋能力」です。

違いと言えば、稲盛氏は掛け算で表し、永守氏は足し算で表しているところでしょう。

私は『稲盛と永守――京都発カリスマ経営の本質』（日本経済新聞出版、２０２１年）という書籍の中でその比較を行っているのですが、使っている言葉こそ違えど、重視しているポイントは同じです。

それを「盛守経営」という、言葉遊びのようなネーミングでまとめたものが、図表6－2となります。このモデルを私は「ＭＯＲＩモデル」と呼んでいます。

「ＭＯＲＩ」は、「〈Mindful〉×〈Objective-driven＋Results-oriented〉×〈Inspire!〉」の略でもあります。

「Mindful」とは、「心」のパワーが全開になっている状態のことです。これは私の言葉で言うところの「志す」（To Be）と同義です。その中心にあるものを、稲盛氏は「真（真我）」と言い、永守氏は「信（信念）」と言っています。

「Objective-driven＋Results-oriented」は、「目標」を掲げて、「結果」を出すことを言います。稲盛氏は「実学」と呼び、永守氏は「経営手法」と言います。私の言葉では「実践する」（To Do）です。

そして、「Inspire!」は「心を動かす」ことを言い、「魂に息を吹き込む」という意味合いが含まれています。まさに、稲盛哲学の本質である、魂に「宇宙の意志を吹き込む」です。また、永守イズムの原点であり、著書のタイトルにもなっている『「人

図表6-2 盛守経営（MORIモデル）

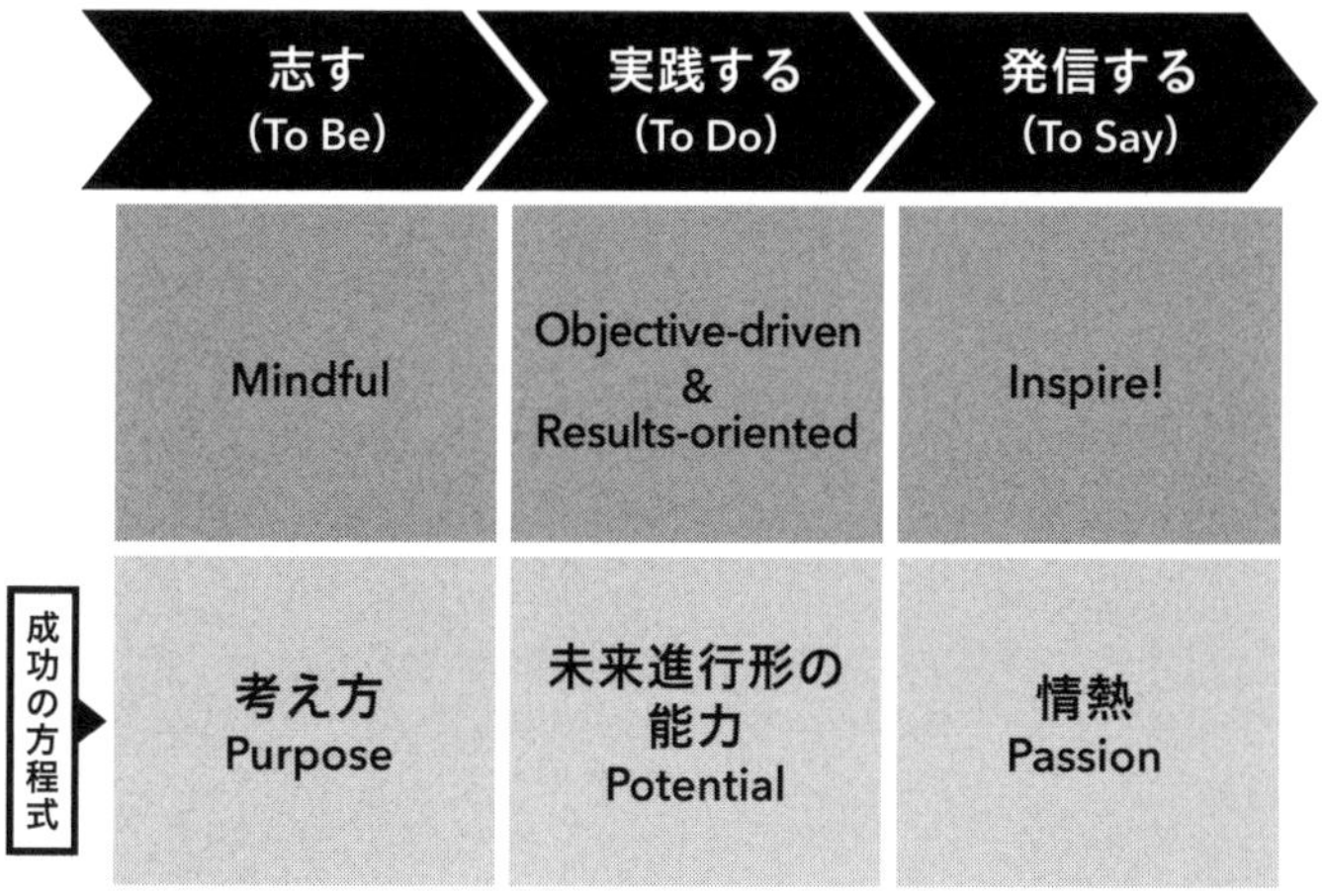

を動かす人」になれ！』（三笠書房、1998年）でもあります。

彼らが経営するうえでパワーの源泉にしていたのは、「人の心にいかに火をつけるか」だと言えます。これを私は「発信する」（To Say）と呼びます。

「志す」「実践する」「発信する」。この三つもまさに、これまでご説明してきたパーパス策定と浸透のプロセスと同じです。

ポイントは、この三つが「掛け算」であることです。

これも稲盛流に表現すると、パーパスはマイナス10からプラス10まであります。マイナス10のパーパスをいかに努力しても、マイナスが広がるだけです。つまり、何よりも「志す」ことこそが重要だということです。

この「掛け算の成功方程式」こそが、トップはもちろんミドルリーダーにもぜひ身につけておいてもらいたい「成功の条件」なのです。

まずは「志す」こと

最初の「志す」とは、ありたい姿やあるべき姿を描くことです。まさに、パーパスそのものだと言えます。

稲盛氏が第二電電を設立したとき、自らに「動機善なりや、私心なかりしか」を問い続け、通信業界への参入を決断したのは有名な話です。

稲盛氏は日本の長距離通信の値段が高いことに問題を感じており、新規参入により社会全体にメリットがあると考えたのです。これは、「自利利他」「三方よし」などの思想に通じるところがあります。

一方、永守氏は、やるべきことは、「世の中になくてはならないものを提供すること」「他人のやらないことをやる」「必ずその領域でトップ企業になること」に尽きると言います。

そのうえで、永守氏は同社が発行している冊子『挑戦への道（The Challenging Road）』の中でも、「常に〝始めに志ありき〟でなければならない」と社員に語っています。

稲盛氏は「大義」という言葉をよく使い、永守氏はもう少し平易な「ドリーム」という言葉を使うことが多いですが、二人とも口をそろえて、まず「志す」ことが重要だと述べています。このような志に基づく経営こそ、「志本経営（パーパシズム）」と呼ぶべきものでしょう。

稲盛氏は長期計画を作ったことがないそうです。稲盛氏は、夢を追求するときには、計画を作るよりも、10年先、30年先の自社のイメージが「カラーで見えなければならない」というユニークな表現をしています。つまり、そのくらいリアルなイメージを描くことが大事だということです。

一方、永守氏が「ドリーム」に込める思いはさらに強い。

永守氏は自らを「夢見る夢夫」と呼び、「私の考え方や行動のエネルギー、パワーの源はここにある」(『挑戦への道』)と述べています。

また、夢を見るだけではなく、夢の実現へ向けて変わっていくこと。「ロマンを持てる人は、自分の生活を変える」とも語っています。

夢は一瞬のきらめきになる可能性もありますが、ロマンは永遠にストーリーを持って描いていくことができるからでしょう。

そして「実践する」こと

次に、「実践する」ことです。

当然のことながら、志を持つだけでは不十分で、それを必死になって実践し、結果を出さなくてはなりません。

稲盛氏は、「数字は経営の基本」であると言います。その根底となるのが、いわゆる「アメーバ経営」です。企業をアメーバという小集団に分け、それぞれに採算責任を担わせるというものです。

ただし、アメーバのリーダーには、フィロソフィに基づいて行動することが求められます。

著書『アメーバ経営』（日経ビジネス人文庫、2010年）の中で、稲盛氏は次のように語っています。

「リーダーは、同じ会社で働く同志として、会社全体の視野に立ち、『人間として何が正しいのか』という一点をベースに判断しなければならない。自らのアメーバを守り、発展させることが前提だが、同時に、会社全体のことを優先するという利他の心を持たなければアメーバ経営を成功させることはできないのである」

これは「自利利他」の精神です。稲盛氏は、アメーバ経営はあくまでもフィロソフィとセットで導入することが必要であると言っています。

永守氏もまた、『挑戦への道』の中で、「夢・ロマンを語ると同様に、会社の力、可能性を具体的な数字として頭にたたき込んでおくこと、これが経営者の第一条件」と語っています。

最後に「発信する」こと

そして、それをしっかり「発信する」ことで志の輪を内外に広げ、伝えなくてはならない。これまた、二人に共通し、さらにはパーパス経営にも共通した要素と言えます。

前述したように、稲盛氏は成功できるかどうかは「考え方×熱意×能力」で決まると言います。この稲盛氏の成功方程式を私流に言い換えると、「考え方」は「パーパス」、「能力」は「ポテンシャル」、そして「熱意」は「パッション」です。これを、私は「三つのP」と呼んでいます。

永守氏の成功方程式「社員の評価値＝基本的なものの考え方＋仕事などに対する熱意＋能力」においても、熱意という言葉が使われています。そして、永守氏も能力であるＩＱよりも、熱意であるＥＱが大切だと主張しています。

つまりは、熱意こそが人を動かすファクターになるということです。人財という資源を磨き上げ、持っているポテンシャルを最大限に引き出すことこそが、リーダーの最大限の役割。つまり、リーダーは、熱意を持って人の心に火をつけることに知恵と時間を使わなければならないということです。

図表6-3 稲盛和夫氏の「成功の方程式」とパーパス

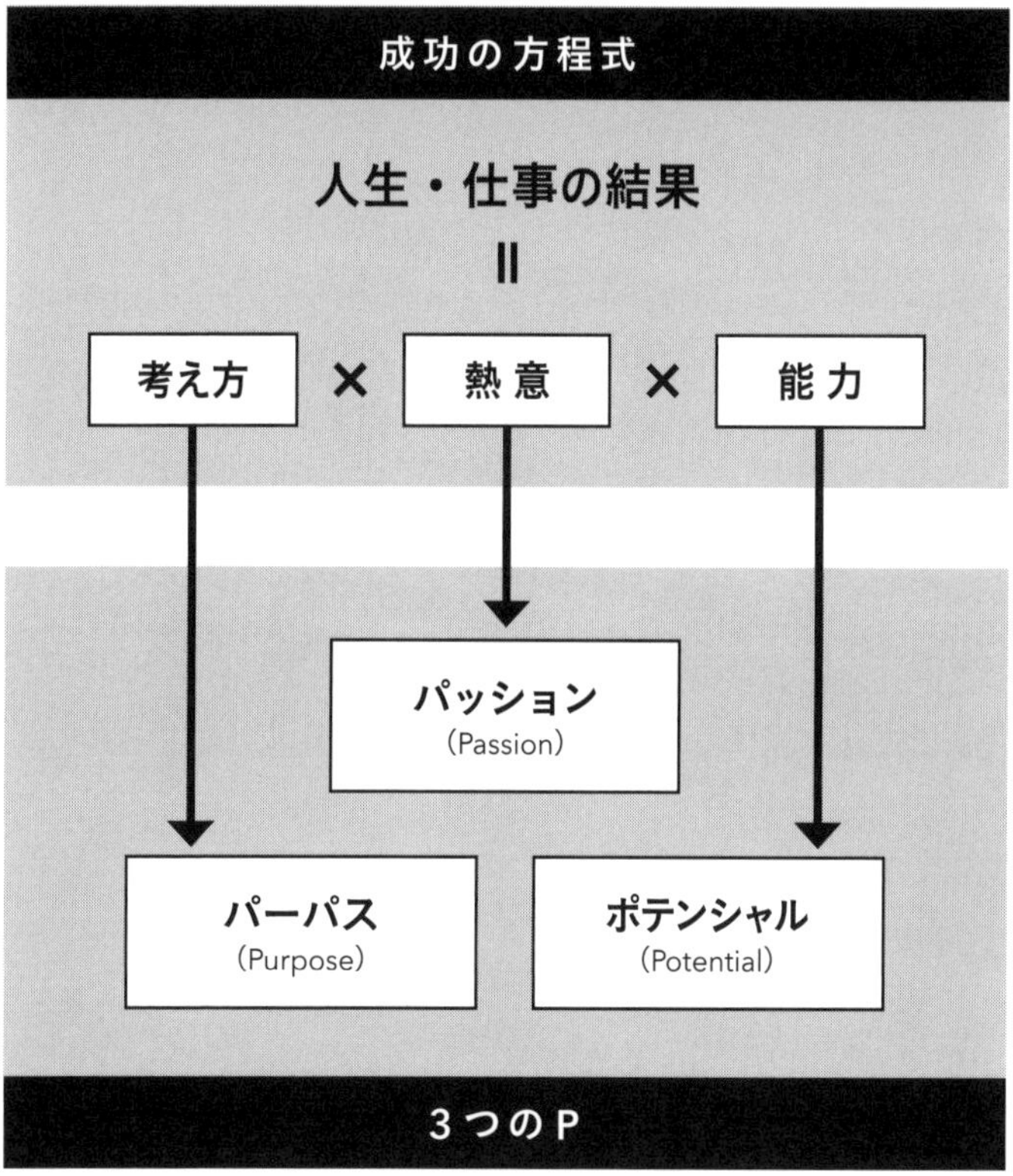

京都からグローバル企業が数多輩出される理由

少々余談になりますが、京セラとニデックはどちらも京都発祥の企業であり、本社も近くにあります。そして、京都からは他にも、村田製作所、島津製作所、堀場製作所、任天堂、オムロン、ローム、ＳＣＲＥＥＮホールディングス、ワコールなど、日本を代表する企業が数多く輩出されています。

なぜ、京都の地からこのようなグローバル企業が続々と現れるのでしょうか。

そこには、「人の真似をしない」「他人に干渉しない」といった、京都らしさが根底にあるように思います。

「人の真似をしない」というのは、京都人の誇り高さの象徴でもありますが、現在のように他人の後追いでは通用しない時代には、とても重要な要素となっています。

そして、「他人に干渉しない」という京都らしさは「違う人のやり方を尊重する」ということでもあり、これはいわば「ダイバーシティ」と言い換えることができます。

かたや、東京の企業は学ぶ力と吸収力はある一方、そこから自分なりのものを捻(ひね)り出す力が弱く、お行儀のいい優等生のように感じます。千利休の言う「守破離(しゅはり)」の「守」はうまいのですが、「破」と「離」が弱いと言えるでしょうか。

そんなところが、京都から世界的企業が続々と輩出される理由のような気がしています。

使っている言葉はそれぞれ違いますが、松下幸之助氏を筆頭に、これら日本の名経営者たちには多くの共通点があり、それは「志本主義」時代に求められるリーダーの条件に他なりません。

「倭」から「和」へ

平成の30年間、日本のビジネスパーソンは自信喪失にさいなまれてきました。しかし、今再び「日本流」の時代がやってきた。私はそう確信を持って言うことができます。

文化の世界では、「日本流」の時代はすでに来ていると言えます。日本のアニメやマンガは世界中でブームとなり、２０１３年には、ユネスコの無形文化遺産に「和食」が登録されました。

一方、日本の経営の世界はどうだったかというと、イノベーション、デジタル、そしてガバナンスなどといった横文字が飛び交い、グローバルスタンダードという名を借りたアメリカ流が長らく幅を利かせてきました。さらに、コロナ禍によって、「リモートワーク」や「ジョブ型」などのアメリカ流の働き方がますます広がりました。

このような状況を、私は「和化」ならぬ「倭化」と呼びます。

6世紀頃、中国から日本は「倭国」と呼ばれていました。倭国の「倭」は「人」に「委」ねると書きます。つまり、「他人にへつらってばかりいる」という蔑称です。経営の世界における日本の姿勢はまさに「倭」という言葉がぴったりでした。

奈良時代、日本は「和国」と自称するようになりました。「和」は「禾（会う）」と「口」から構成され、そこには「仲よくなる＝穏やかになる、和やかになる」という意味が込められています。

「倭国」から「和国」への転換には、「他人にはへつらわない」という決意と、「対立ではなく両立を尊ぶ」という、当時の日本人の価値観が込められています。

ここに、日本の原点があります。中華思想から自ら距離を置き、日本として主体性を確立。その後、「和魂漢才」「和魂洋才」という思想のもとに、1200年以上、中国や西欧から知識を貪欲に吸収し、日本人としての志を大切に守ってきました。

そして、パーパス経営が見直されている今、再び日本の時代がやってきたと言えるのです。

「プレノーマル」の時代を楽しめるリーダーに

本書の目的は、自信を失っている日本の中堅リーダーに、再び自信を持ってもらいたいということでした。その思いで本書を執筆してきました。

そのためのモデルは意外と身近なところにある。そのことを再び強調しておきたいと思います。

日本に変革が必要とされているのは、まさにその通りです。それも、今後は「ニューノーマル」の時代になるのではなく、かといって「ノーノーマル」という混迷の時代でもなく、「プレノーマル」の時代になります。つまり、ノーマルに安住することなく、常に変化し続けることこそがノーマルになるのです。

変わり続けるのは大変です。しかし、パーパスを起点とすると、変わるのがどんどん楽しくなり、自らどんどん変革を起こしたくなります。そんなワクワクするような仕事を、ぜひ読者の皆さんにも味わってほしいと切に願います。

おわりに

前著『パーパス経営――30年先の視点から現在を捉える』（東洋経済新報社）を上梓して、2年半が経ちました。おかげさまで、同書はパーパス経営を真正面から論じたものとして、経営者、実業家、研究者、学生の皆様から、暖かく迎えていただきました。

ただ、「長すぎる」というご不満を、真っ先に耳にします。また、「難しすぎる」、「どう実践していいかわからない」といったご批判も、少なくありません。

そこで、本書では、以下の三つのことを心がけました。

第一に、サクサクと読めること。具体的には、NHK Eテレの人気番組『100分de名著』のノリを目指しました。もちろん、『パーパス経営』が名著だと言っているわけではありません。ただ、前著が読了に100時間かかるとすれば、本書は100分で読み通せることを目指したのです。実際、ゲラの段階で実験してみたところ、新幹線で小田原―京都間を移動する車中、約100分間で読み通せてしまいました。20冊を超える私の著作の中では最短記録です。

第二に、わかりやすくすること。「です、ます」調にして、平易な言い回しにするように心がけました。英語もできるだけ使わないようにしたのですが、こちらはまだまだ改善の余地がありそうです。ただ、ついつい哲学的な迷路にはまり込むクセは、できるだけ排除したつもりです。

第三に、理論より実践に重きを置くこと。そのために、パーパス経営の実践に取り組む具体的な企業事例を、ふんだんに盛り込みました。また、実践する上での方法論も、私自身の体験談も交えて、できるだけわかりやすくご紹介しています。

これらは、実際に自社の中でパーパス経営を推進したいと思われている読者には、前著以上にお役に立つものと信じています。

本書の中でも力説しているように、パーパス経営は、実践してこそ、価値があるものです。そして実践するためには、私たち一人ひとりが、パーパスを「自分事」として描き、その思いを共有する「同志」とともに、「ありたい未来」に向けて日常を変えていく努力が求められます。

本書が、そのようなパーパスの実践を目指す方々にとって、一つの道案内になれれば、本書に込めた私のパーパスは、ひとまず成就されたことになります。その成果をいつかお聞かせいただけることを、楽しみにさせていただきます。

本書は、２０２２年9月号から２０２３年3月号まで、月刊誌『ＴＨＥ21』に連載した記事を、大幅に加筆修正したものです。

執筆にあたっては、ＰＨＰ研究所の的場正晃さん、土井系祐さん、海野翔太さん、吉村健太郎さんに、大変お世話になりました。同社とは、本書の原案に基づいて、実際に企業向けの研修やワークショップを実施させていただきました。

中でも吉村健太郎さんには、事例収集から実際の執筆に至るまで、絶大なご支援をいただきました。本書が前著に比べて読みやすいものになったとすれば、それはひとえに吉村さんのおかげです。紙面を借りて、御礼申し上げます。

世界はますます不条理に満ちています。本書はヨーロッパ滞在中に仕上げましたが、こちらではガザ交戦が勃発して激震が走りました。ウクライナ情勢もまだまだ予断を許しません。

それでも、皆、少しずつ活力を取り戻している気がします。中でも、ラグビーのワールドカップやオリンピックの前哨戦(ぜんしょうせん)は、人々を健全な同胞愛と一体感で満たしてくれているようです。フェアプレイを大切にするスポーツは、パーパス経営を実践する上で、貴重なメタファーになるのではないでしょうか？

ひるがえって、日本でもコロナ禍の息苦しさが一段落して、久しぶりに明るい光が射し始めている気がします。大学の教壇や企業の現場に立つと、MZ世代の皆さんが自分たちの未来づくりに熱い情熱を傾けている姿を見て、私自身が元気をもらいます。

今こそ、未来に大きく踏み出す絶好の機会ではないでしょうか？

パーパスの実践を通じて、ワクワクする未来を、私たち自身の手で、ぜひ作り上げていきましょう。

本書は月刊『THE21』（PHP研究所）2022年9月号〜2023年3月号に連載
された記事に大幅に加筆・修正を行ったものです。

編集協力——和栗牧子
ブックデザイン——山之口正和+齋藤友貴（OKIKATA）

〈著者略歴〉

名和高司（なわ・たかし）

京都先端科学大学教授

一橋ビジネススクール客員教授

東京大学法学部、ハーバード・ビジネス・スクール卒業。三菱商事を経て、マッキンゼーで約20年間勤務。デンソー（～2018年）、ファーストリテイリング（～2022年）、味の素（～2023年）、SOMPOホールディングスなどの社外取締役、朝日新聞社の社外監査役を歴任。消費者庁「消費者志向経営賞」座長。ボストン・コンサルティング・グループ（～2016年）、インターブランドジャパン、アクセンチュア（いずれも現任）などのシニアアドバイザーを兼任。

『パーパス経営』『CSV経営戦略』『企業変革の教科書』（以上、東洋経済新報社）、『シュンペーター』（日経BP）、『稲盛と永守』『経営改革大全』（以上、日本経済新聞出版）、『コンサルを超える問題解決と価値創造の全技法』『成長企業の法則』『10X思考』（以上、ディスカヴァー・トゥエンティワン）など著書多数。

パーパス経営入門

ミドルが会社を変えるための実践ノウハウ

2023年11月24日　第1版第1刷発行

著　者	名和高司
発行者	永田貴之
発行所	株式会社PHP研究所
東京本部 〒135-8137	江東区豊洲5-6-52
ビジネス・教養出版部	☎03-3520-9619（編集）
普及部	☎03-3520-9630（販売）
京都本部 〒601-8411	京都市南区西九条北ノ内町11
PHP INTERFACE	https://www.php.co.jp/
組　版	有限会社エヴリ・シンク
印刷所	株式会社光邦
製本所	東京美術紙工協業組合

ISBN978-4-569-85602-5